鳩居堂の日本のしきたり 豆知識

もくじ

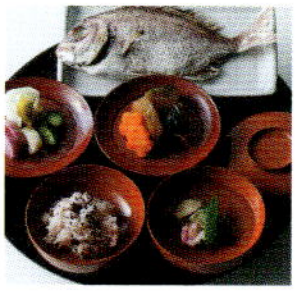
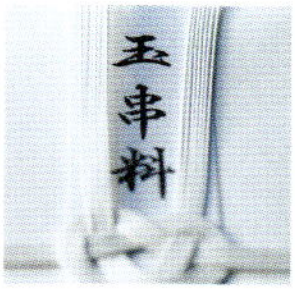

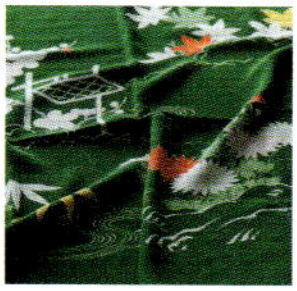
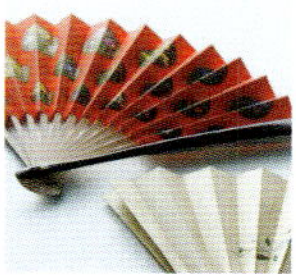
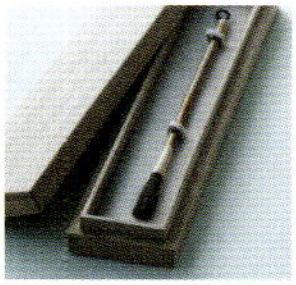

第五章 人生の節目 115

第六章 贈答の心 153

第七章 手紙、たより 169

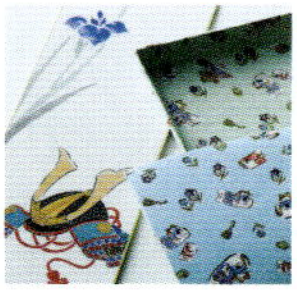
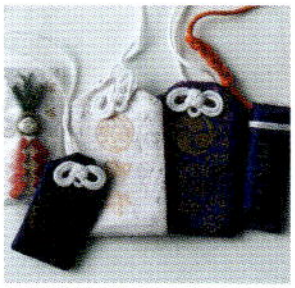
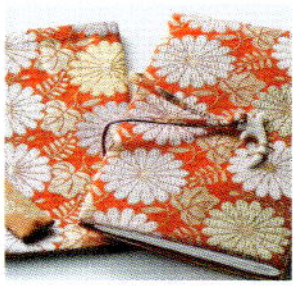
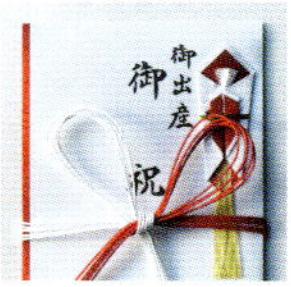

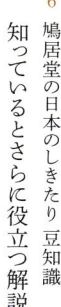

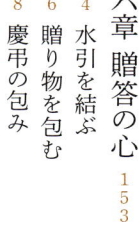

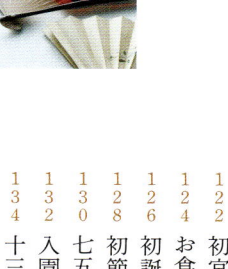

歴代の当主の像。右から、四代目・熊谷直恭、七代目・熊谷直孝、八代目・熊谷直行。

はじめに

東京鳩居堂でお線香を買い求めたときに手渡された「豆知識しおり」。そこには、「日本の伝統文化を伝える」の文字とともに、「熨斗鮑《のしあわび》」についての説明がありました。祝儀袋の右上についている「のし」について、三百文字程度の説明ですが、かつて神に捧げた「鮑」がその由来であること、のしはお祝いごと全般に使うことなどが書かれていました。

聞けば、ほかにも「お盆」や「お彼岸」などのしきたり、「千代紙」や「お香」などの豆知識を記したものもあるとのこと。

四季折々の日本の伝統行事は、時間に追われがちな現代の生活に豊かな時の流れをもたらしてくれます。また、古くからある日本ならではのしきたりは、人間関係を丸くあたたかく紡いでくれます。

窮屈に思えるしきたりや伝統も、その由来や背景、歴史の中で変遷してきたことなどを知ると、どれも身近で、日本人として「なる

右は1906年（明治39年）、左は1914年（大正3年）の京都の店舗。

ほど」と認識を新たにします。そして、その原点には「日本人の心」がこめられていることに気づきます。

　また、新しい時代にあっても、しきたりや伝統は日々の暮らしに大切な、そして彩りを添えるアクセントともいえるでしょう。

「鳩居堂」と聞けば、和の香りがする文房具店であり、お香を扱うお店、といったイメージでしょうか。京都の寺町の、昔ながらの落ち着いた街並みや、銀座五丁目の、日本一、地価の高い土地に位置する老舗、というイメージを持っている人も多いかもしれません。その鳩居堂が、なぜ「伝統文化を伝える」のでしょう？　その答えは、三五〇年にわたる鳩居堂の歴史にありました。

　鳩居堂は一六六三年（寛文三年）、京都寺町、本能寺門前に薬種商として創業しました。薬種商とは薬の材料を扱ったり調合したりする業です。創業者の熊谷直心は、滋賀から京都に出てきて医学や薬学を勉強し、鳩居堂を始めました。店の名は当時の京都の学者、室鳩巣《むろきゅうそう》が中国の詩集「詩経」の詩にあやかり命名しました。

右は1880年（明治13年）銀座出店時、左は1924年（大正13年）改築時の銀座店舗。

江戸時代の後期、四代目、熊谷直恭は薬種である沈香《じんこう》、白檀《びゃくだん》、丁子《ちょうじ》、茴香《ういきょう》、桂皮《けいひ》などを原料として薫物《たきもの》線香を作るようになります。こういった材料は中国からの輸入品であり、同時に中国の筆（唐筆）、墨（唐墨）、紙（唐紙）も取り扱うことになり、鳩居堂は薬種商からお香や文房具を扱うお店となったのです。

熊谷直恭は学者や文人、書画の名士たちとも親交が深く、そういった人たちの教えを受けながら、筆や墨に改良を重ねました。歴史家であり文人画家でもある頼山陽《らいさんよう》もその一人。今も鳩居堂の店内には、頼山陽の筆による書が飾られています。

維新のころを迎え、七代目の熊谷直孝は維新の勤王の志士をかくまったり、尊王攘夷派の公家が京都から長州に下った政変、「七卿落ち」の陰の手助けをするなども。また、日本で最初の小学校開設の基となった教育塾を設置し、子女の教育も行いました。直孝の妹も女性教師として裁縫と礼儀作法を教えたのだとか。

一八七七年（明治十年）、八代目熊谷直行は、七卿落ちの一人、

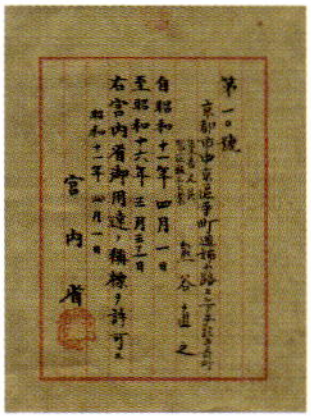
第一〇號
自昭和十一年四月一日
至昭和十六年三月三十一日
右宮内省御用達ノ稱號ヲ許可ス
昭和十一年四月一日
宮内省

宮内省御用達の制度があったころの許可証。

1930年（昭和５年）当時の鳩居堂工房。

太政大臣・三条実美から、三条家に九百年来伝承されてきた宮中に献じるための「合わせ香」の秘方を伝授されます。鳩居堂にとってはたいへんな名誉であり、この秘方は今も受け継がれています。

明治十三年。直行は東京遷都の後を追い、東京・銀座の四つ角に東京支店を設けます。宮中の御用を務めるためでもありました。それが昭和十七年に支店から独立した、今の東京鳩居堂です。

京都に創業して三五〇年、こうして歴史をたどってくると、鳩居堂が「日本の変わらぬ心、日本の伝統文化を育てる」そんな理念を持っている、というのもうなずけます。

この本では、日本のよきしきたり、これからも受け継いでいきたい伝統の数々を、三五〇年の長い歴史を誇る鳩居堂の引き出しのひとつひとつを開けて、その中の秘蔵の書を紐解くように、わかりやすく解説します。現代の生活に即した、しきたりの知識、解釈、応用にわたる豆知識の数々を、楽しく学んでいきましょう。

編集部

第一章

季節の歳事

干支

年末年始、神社をはじめいろいろなところで目にする干支の土鈴。お正月飾りにして和のなごみを演出。

「あなたの干支《えと》は？」と尋ねたら、「午《うま》年です」とか「卯《うさぎ》年です」といった答えが返ってくることが多いのではないでしょうか。干支というと、多くの人が十二支を思い浮かべますが、本来は、十干《じっかん》十二支をさします。

中国から伝わった十干十二支は、日本人の生活に欠かせない大切な基準でした。十干は陰陽五行説《いんようごぎょうせつ》に基づいています。暦としては、十干は一旬（十日間）、十二支は一年（十二カ月）に当てはめて使われました。また、十干と十二支を組み合わせて、日や年に当てはめて使われました。十干に十二支を組み合わせていくと、六十組で一周します。生まれた年の干支がひと回りするのが、数えの六十一歳。暦が還《めぐ》るので、還暦《かんれき》となります。

お正月が近くなると、新しい年の干支飾りのいろいろが鳩居堂にも並びます。干支をかたどった京焼きの人形や張子の人形、干支の切り絵の色紙など。玄関や床の間、リビングに置けば、お正月らしさもひとしおです。

干支飾りはお正月に飾ったあと、次の干支までしまっておく家庭もありますが、その年限りにしたい場合は、縁起物なので神社やお寺に持っていってお焚き上げをしてもらうのもいいでしょう。（P186補足解説）

お正月飾り

年末になると町内の角々で売られているお正月飾り。これもまた季節の風物詩。鳩居堂でも各種用意があります。

あと幾日、と歌に歌われるほどお正月は待ち遠しく、特別なもの。日本人にとってお正月は、新しい年神《としがみ》（歳神）様が訪れる大事な節目でした。年神様のトシとは稲のこと。年神様は稲作の神様であり、新しい年の豊作をもたらしてくれる神様でした。また、年神様は先祖の霊との考え方もあります。

十二月十三日のすす払いに始まるお正月の準備は、年神様を迎えるためのものです。松飾りの松は、神様が降りてくる依代《よりしろ》であり、神様を迎える目印として門や玄関に飾りました。注連縄《しめなわ》を使った注連飾りも、神聖な空間を作り魔除けとする目的があります。

各地方によってその飾り方は多種多様ですし、現代ではさまざまな素材やアイデアを凝らしてアレンジされた飾りも少なくありません。

「鏡餅」は年神様へのお供えであり、年神様が宿っていると考えられています。鏡餅という名前の由来は、その丸い形が、ご神体である丸形の鏡と同じことから来ていると言われます。地方によって違いはありますが、「鏡餅」は三方に半紙や奉書紙《ほうしょがみ》を敷き、裏白というシダの葉を白い面（裏）を表にして餅をのせ、橙《だいだい》、昆布、紙垂《しで》などを飾ります。（P187補足解説）

お屠蘇

年少者から先にいただくのは、若者の精気を年長者に
渡すとか、毒見のためなどと言われています。

一年に一度、お正月にしか使わない屠蘇器《とそき》。重ねられた大中小の盃とお屠蘇を入れる銚子の酒器ぞろえ、その趣きある姿に、お屠蘇が大事にされてきたことが感じられます。お屠蘇は中国の唐の時代の風習が平安時代に日本に伝わって貴族の儀式となり、江戸時代に庶民に広まったと言われています。お屠蘇という名は「蘇という名の鬼を屠《ほふ》る（退治する）」や「邪気を屠り、心身を蘇らせる」からつけられたと言われ、年の初めに無病長寿を願っていただくものです。普通、酒席では年長者から盃を下しますが、お屠蘇は年少者から年長者の順にいただくとされています。

お屠蘇は山椒、肉桂、防風《ぼうふう》、白朮《びゃくじゅつ》、桔梗、陳皮など、数種類の生薬を合わせた屠蘇散（屠蘇延命散）を、お酒やみりんに浸して作ります。胃腸の働きを助け、体をあたためる成分が入っているので、ご馳走続きのお正月、寒い時期にぴったりの薬酒ともいえるでしょう。

お正月の浮かれた楽しさを表す言葉に「お屠蘇気分」がありますが、最近はあまり聞かれないようです。元旦には家族そろって「おめでとうございます」と新年を寿《ことほ》ぎ、お屠蘇をいただく。なくしたくない日本のしきたりです。

お年玉

もらったお年玉袋、大切に握りしめ、満面の笑顔……。
そんなお正月の子どもの光景は、昔も今も変わりません。

日本では新しい年を迎え、それを祝う行事や習わしが数多くあります。おせち料理、お屠蘇、初詣で、お神楽《かぐら》、獅子舞……。

なかでもお年玉は子どもにとって、お正月の何よりの楽しみといってもいいのではないでしょうか。

お年玉は、ポチ袋にお金を入れて渡す形が一般的ですが、もともとは、お金ではなくお餅でした。年神様に供えたお餅を、奉公人や子どもなどの目下の人に分け与えたものを「お年玉」と呼んだのです。年神様に供えたお餅には、霊力があり、それをいただく（賜る）、という意味も持っていたようです。

お年玉としてお金を渡すようになったのは、比較的新しい習慣と言われていますが、京都鳩居堂では、明治のころからお年玉用のポチ袋を扱っています。今は小学校低学年でも一人の人から数千円をもらう時代。お年玉の袋も紙幣を折らずに入れることができる、大きめのものも人気だそうです。これもまた時代ということでしょう。

和紙を使い、木版画で絵柄を刷った上質なポチ袋の人気も高くなっています。少子化で、大人が子どもにあげるお年玉の数が少なくなったからでしょうか。

初詣で

今ではお正月の縁起物となった破魔矢に、願いを書いて社寺に奉納する絵馬。干支の絵も楽しみのひとつです。

年末年始のテレビ中継では、全国的に有名な神社や寺院に多くの人が初詣でに向かう様子が映し出されます。初詣では本来、生まれた土地の産土神《うぶすながみ》様や住んでいる場所の氏神様にお参りし、新年の無事と平安を祈願するものでした。

今でも地域によっては残っていますが、古くは年ごもりといって、一家の主人が大晦日には氏神様の社にこもり、徹夜で家族の無病息災を祈る風習がありました。この年ごもりが、除夜の鐘がなるころに詣でる「除夜詣で」と元旦に詣でる「元旦詣で」に分かれ、初詣での原型になったと言われています。

また、その年の恵方《えほう》（縁起のいい方角）に当たる方角の神社仏閣に参拝する恵方参りも、初詣での原型と言われます。

初詣では正月三が日に参拝するとも、松の内の七日までに参拝するとも言われますが、決まりはありません。お正月用の大きなお賽銭箱に、破魔矢やお守り、干支の飾りやお札、絵馬、おみくじ、ときに獅子舞や太鼓の音も……。新年の神社のにぎわい、その光景は、日本ならではの風物詩です。

初詣でには、前年の古いお守りやお札などを持っていって納め、新しいお札やお守りをいただいて帰りましょう。（P187補足解説）

年始回り

お正月、川原の土手や空き地では凧揚げや羽根つき。凧のミニチュア飾りは年始の手みやげに気が利いています。

昭和の時代の映画やドラマでは、新年ともなれば、年始回りのシーンがよく登場していたものです。新年の挨拶に伺う年始回りは、昭和二十年代くらいまで広く行われていました。もともとは分家が本家に集まって一族で新年を祝い合う風習がありましたが、次第に仕事関係の上司や芸事の師匠の家、日ごろ、お世話になっている隣近所の家などを訪ねていくようになりました。

かつては、玄関で挨拶だけをして、一日数軒回るということも普通に行われていましたが、年賀状の普及もあってか、特に都市部では一般家庭の年始回りは少なくなりました。とはいえ、年の初めにあらたまったご挨拶をするのは、気もひきしまり、気持ちのいいものです。

年始回りに行くときは、ご挨拶のしるしとして「お年賀」の品を持っていきます。「お年賀」は昔はタオルや手ぬぐいなどがよく使われました。玄関先で失礼するような年始回りでは、一筆箋や懐紙、干支の置物などもおすすめです。

元日は家族で過ごすことも多いので、年始に伺うのは二日以降、松の内の七日までに。事前に都合を伺ってからにしましょう。食事に招待されているときは、気持ち程度の菓子などを持っていくとよいでしょう。（P188補足解説）

初夢

宝船、おめでたい絵柄は、こんなところにも。収納にも重宝する桐の箱。鳩居堂では季節に合わせ数々の意匠が。

新しい年を迎えて初めて見る夢が初夢です。昔の人は、夢は神仏の示しと信じ、夢によって吉凶を占ったりしました。初夢には新しい年の吉凶を占うという意味合いがあるのです。今は、元日の夜から二日の朝にかけて見る夢とされていますが、江戸時代には大晦日から元日にかけて見る夢、二日に見る夢、三日に見る夢など、いろいろな説があったそうです。

室町時代ごろからは、縁起のよい七福神の乗った宝船の絵を枕の下に入れて寝るとよい夢が見られる、と言われるようになりました。江戸では元日の朝、宝船の絵を売り歩く商売が繁盛したそうです。宝船の絵には、「長き夜のとおの眠りのみな目覚め波乗り船の音の良きかな」という回文（上から読んでも下から読んでも同じになる文）の歌が書かれていました。

おめでたい夢として、よく「一富士、二鷹、三なすび」が言われます。この由来には諸説あり、いずれも駿河の国の名物であり三河出身の徳川家康にあやかりたいという願望からとする説もあれば、霊験あらたかな富士山に、鷹は「高い」、なすびは「成す」に通じるからという説などがあります。縁起がいいこと、おめでたいことをことのほか喜び楽しむ、日本人の遊び心でしょうか。

節分

日本の昔からの暮らしに、大豆はいろいろな場面で登場します。節分の豆まきでは主役、素朴な味も魅力です。

今は立春の前日をいいますが、もともとは、立春、立夏、立秋、立冬の四季の分かれ目の前日を意味する言葉が「節分」でした。立春が一年で一番初めに訪れる節目であったためか、新たな年の始まりと考えられ、春の節分が最も重視されたのでしょう。

煎った大豆をまいて鬼を追い払い、厄を払う風習は中国から伝わったものです。平安時代の宮中では「追儺《ついな》」「鬼遣《おにやらい》」といって、大晦日に行う年中行事のひとつでした。民間で行われる節分の行事は、宮中の行事が伝わったものです。豆まきは節分の夜に一家の主人が「福は内、鬼は外」と唱えながら、豆を家の内、外にまきます。豆をまいて邪気を祓い、最後に自分の年の数よりひと粒多く食べて、年齢をひとつ重ねる日でもありました。また、この日は家の入り口に柊《ひいらぎ》の枝に鰯《いわし》の頭を刺したものを差す風習がありますが、これは柊の葉のトゲと鰯の悪臭で疫鬼を追い払う意味があります。

立春を迎えるころは、まだ寒い時期ですが、この時期から鳩居堂の店内も季節を先取りした春の絵柄のはがきやカード、和紙小物が並び、春らしく華やいできます。

桃の節句

近ごろは、紙製のミニ雛壇飾りや陶製、布製があったりと、
バリエーションも豊富。飾る楽しみが広がります。

節句というと、今では三月三日の桃の節句と五月五日の端午の節句ですが、もともとは、五節句といって、一月七日の「人日《じんじつ》」、三月三日の「上巳《じょうし》」、五月五日の「端午」、七月七日の「七夕《しちせき》」、九月九日の「重陽《ちょうよう》」の五つをいいました。桃の節句の「上巳」とは、旧暦三月の「上旬の巳の日」のことです。中国では魏の時代に三月三日を上巳とし、この日は川で身を清め、不浄を祓う習慣があったといいます。

日本では、この習慣は平安時代に取り入れられ、紙の人形を作り穢《けが》れを移して川や海に流して祓を行いました。現在でも各地に残っている流し雛は平安時代の原型をとどめています。紙の人形は時代とともに形を変え、現在のような雛人形となりました。もともとは貴族の行事でしたが、江戸時代には庶民の間にも女の子の健やかな成長を願う行事として広がっていきました。

雛人形の中心は男雛と女雛のお内裏様です。その並び方は左側が右側より上位という考え方から、男雛が左（向かって右）、女雛が右でした。今は向かって左側に男雛を飾るものも多くなっています。これは、明治以降、西洋式の並び方を取り入れたものと言われています。（Ｐ１８８補足解説）

お彼岸

お彼岸といえば、ぼたもち、おはぎ。餡、きな粉、胡麻などをつけた甘いお餅をいただく、春と秋のひとときき。

三月と九月、年に二回あるお彼岸《ひがん》。春分の日、秋分の日を中日《ちゅうにち》として、前後三日間、合わせて七日間をいいます。お彼岸の初めの日を「彼岸の入り」、終わりの日を「彼岸の明け」といいます。

「暑さ寒さも彼岸まで」という言葉がありますが、夏のうだるような暑さも、冬の凍えるような寒さも峠を越し、「彼岸」を境に徐々に和らいでいく、そんな意味の慣用句です。

春分と秋分は、ちょうど太陽が真東から昇り、真西に沈む時期。西方に極楽浄土があると考えていた人々は、真西に沈む太陽を見て、極楽へ旅立った故人に思いをはせていたのでしょう。そこから、お彼岸には仏壇に、その時季に咲いている花にちなんで呼ばれた、ぼたもち（春・牡丹）、おはぎ（秋・萩）、団子などを供え、先祖の供養のためにお墓参りをするのが風習となったとも言われています。彼岸の間、寺院では「彼岸会《ひがんえ》」という仏事が行われていますが、彼岸は日本独特のもので、日本独自の先祖供養の風習と仏教が結びついたものです。先祖に手を合わせて、自分とご先祖とのつながりに思いをはせれば、気持ちもあらたまります。（P189補足解説）

花祭

東京鳩居堂の花御堂に安置されるお釈迦様の像。甘露になぞらえて、釈尊像にひしゃくで甘茶を注ぎます。

四月八日はお釈迦様が生まれた日。お寺では「灌仏会《かんぶつえ》」や「仏生会《ぶつしょうえ》」と言われる法会を行って、お釈迦様の誕生を祝います。「花祭」という別名も。灌仏会では、釈迦が生まれたルンビニという花園をかたどって、さまざまな花を飾った「花御堂《はなみどう》」というお堂を設けます。花御堂の中には灌仏盤《かんぶつばん》（水盤）を置き、釈迦の誕生仏を立て、参拝者はひしゃくでお釈迦様に甘茶《あまちゃ》を注ぎます。

甘茶を注ぐのは、釈迦が生まれたとき、九頭の龍が誕生を祝って天から甘露を注いだという故事にちなんでいます。奈良時代には五種類の香水を注いでいたとも言われます。

東京鳩居堂では、毎年、花祭の一週間前には、銀座通りに面したお店の正面入り口に花御堂を設置してお釈迦様を安置し、お客様や銀座通りを行く人のためにお釈迦様に注ぐための甘茶を用意しています。昭和の初めごろからの年中行事なので、毎年、楽しみにしている人も多いのではないでしょうか。

甘茶を飲めば無病息災でいられる、と言われます。また、甘茶で墨をすって「ちはやぶる卯月八日は吉日よ　神さけ虫を成敗ぞする」と書いてお手洗いなどに貼ると、虫除けになるとも言われています。

端午の節句

鯉のぼりたなびき、鎧兜に刀、武者人形……、小さな小さな金太郎と待ち針も、端午の節句の愛らしい飾りに。

「端午《たんご》」の「端」は「初」の意味。端午というのは月の初めの午の日のことをいい、「午」は「五」と同じ、つまり毎月上旬の五日をさし、五月に限るものではありませんでした。それが、特に数字の重なる五月五日をさすようになったものです。中国では古来、五月五日に野に出かけて薬草を摘んだり、菖蒲《しょうぶ》酒を飲み、邪気を祓う行事が行われていたものが、平安時代に日本へ伝わったと言われています。また、日本では古くから五月は女性（早乙女）が田植え前のみそぎを行う時期であり、田の神を祀る行事がありました。それが、中国の行事と結びついて、端午の節句のさまざまな風習が生まれたと言われています。

　端午の節句には薬草である菖蒲やよもぎを軒につるして邪気を祓い、菖蒲湯に入り無病息災を願いました。江戸時代には、男子のいる武士の家では兜や武者人形を飾り、「菖蒲」に「尚武」をかけて、男の子の健やかな成長を願う行事となっていきます。現代でも鎧兜に刀、武者人形などを飾り、鯉のぼりを立てて祝います。武者人形のほかに、金太郎や桃太郎の人形、魔除けの鍾馗《しょうき》人形や弁慶なども飾ります。鯉のぼりは、「黄河の龍門の滝を鯉がさかのぼって龍になった」という中国の故事を由来とし、立身出世の象徴です。（P189補足解説）

衣更え

たんすの中に入れておくと、香りが衣装に移って、ほのかな香りが。着物の袂《たもと》やコートのポケットに入れても。

季節によって衣服を替える衣更えは、平安時代からある風習です。旧暦の四月一日と十月一日が「更衣の日」（衣更えの日）で、四月一日には冬装束から夏装束へ、十月一日には夏装束から冬装束へと替えました。

江戸時代になると、幕府が衣更えについての決まりを作りました。四月一日からは袷《あわせ》の小袖、五月五日からは単衣《ひとえ》の帷子《かたびら》、九月一日からは再び袷の小袖などと決められていました。明治になってから、現在の暦での六月一日と十月一日が衣更えの日とされ、軍人や警察官の制服が季節によって変わり、官公庁や学校でも採用されるようになりました。現在でも六月一日と十月一日の衣更えは残っていて、かつてより厳密ではありませんが、学生服が冬服から夏服へ、夏服から冬服へと替わる学校も少なくありません。

衣更えは四季のある日本ならではの風習でしょう。かつては衣更えの季節になると、人々の着ているセーターやコートから防虫剤の独特の匂いがよくしたものです。今は防虫剤も匂いのしないものやハーブを使ったものなども。今度の衣更えには、古式ゆかしい気品ある香りの匂い袋などを衣装ケースに入れてみませんか。きっと、次の衣更えが楽しみになります。（Ｐ１９０補足解説）

虫干し

書画・掛け軸・骨董・人形などの収納時に、防虫の大切な役目を果たす防虫香。パッケージも懐かしい雰囲気です。

虫干しも日本ならではの習慣です。夏と秋の二回、湿気のない、よく晴れた日に着物や書物、掛け軸などを陰干しにして風を通します。湿気をとり、虫や虫の卵をはらって、カビや虫の害から守るために行います。

夏は土用干しとも言われ、梅雨が終わって湿度が下がった七月下旬から八月下旬に、秋の虫干しは十月下旬から十一月下旬に行われるのが一般的です。着物はしまいっぱなしにしていると、虫がついたり気がつかない汚れがカビを呼ぶことも。一月から二月の湿度の低い時期に寒干しを加えてもいいでしょう。

虫干しは、晴天が二、三日続いた湿気の低い、晴れた日に行います。時間帯は午前十時ごろから午後二時くらいまで。風通しのよい部屋に広げます。着物は一枚一枚ハンガーにかけてつるします。劣化や変色などを招くので、くれぐれも日光にあてないように気をつけましょう。虫干し後は布や紙など、素材に合った防虫剤を入れて収納します。衣裳用の匂い袋や防虫香を利用するときは、しまうものに直接つかないように、和紙などをはさみます。

奈良の正倉院の宝物も、毎年十一月には「曝涼《ばくりょう》」と呼ばれる虫干しが行われ、それに合わせて奈良国立博物館では「正倉院展」が行われています。

七夕

垣根越しに見える、短冊がつるされた七夕の笹竹。今は
見る機会も少なくなりました。残したい夏の行事です。

笹竹に願いごとを書いた五色の短冊をつるし、色紙細工を飾り、七夕の夜の晴天を祈る……。子ども時代に、だれもが経験した懐かしい思い出ではないでしょうか。七夕は七月七日の夜という意味でシチセキとも読み、五節句のひとつです。星祭り、という美しい名前もあります。

一年に一度、牽牛《けんぎゅう》と織女《おりひめ》が天の川をはさんで会えるという中国の伝説と、女子が手芸の上達を願う中国古来の乞巧奠《きっこうでん》の風習、そして日本古来の「棚機《たなばた》つ女《め》」の伝説が結びついて生まれたのが日本の七夕の行事です。

平安時代には、里芋の葉に集まった夜露を集めて墨をすり、梶の葉に願いごとを書く、という風雅なことも行われていました。

また、日本にはお盆の前の七月七日に、穢《けが》れを洗い清める行事も広く行われていました。七夕の日には髪を洗ったり、子どもや牛、馬に水浴びをさせたり、仏壇や硯を洗うなどの風習もあったのです。

短冊には、書道や裁縫の上達の願いごとを書くのが本来ですが、今はさまざま。六月中旬ごろから、銀座通りでは、七夕のイベントが行われています。東京鳩居堂でも短冊を用意しているので、願いごとを書きに出かけてみませんか。

盂蘭盆会

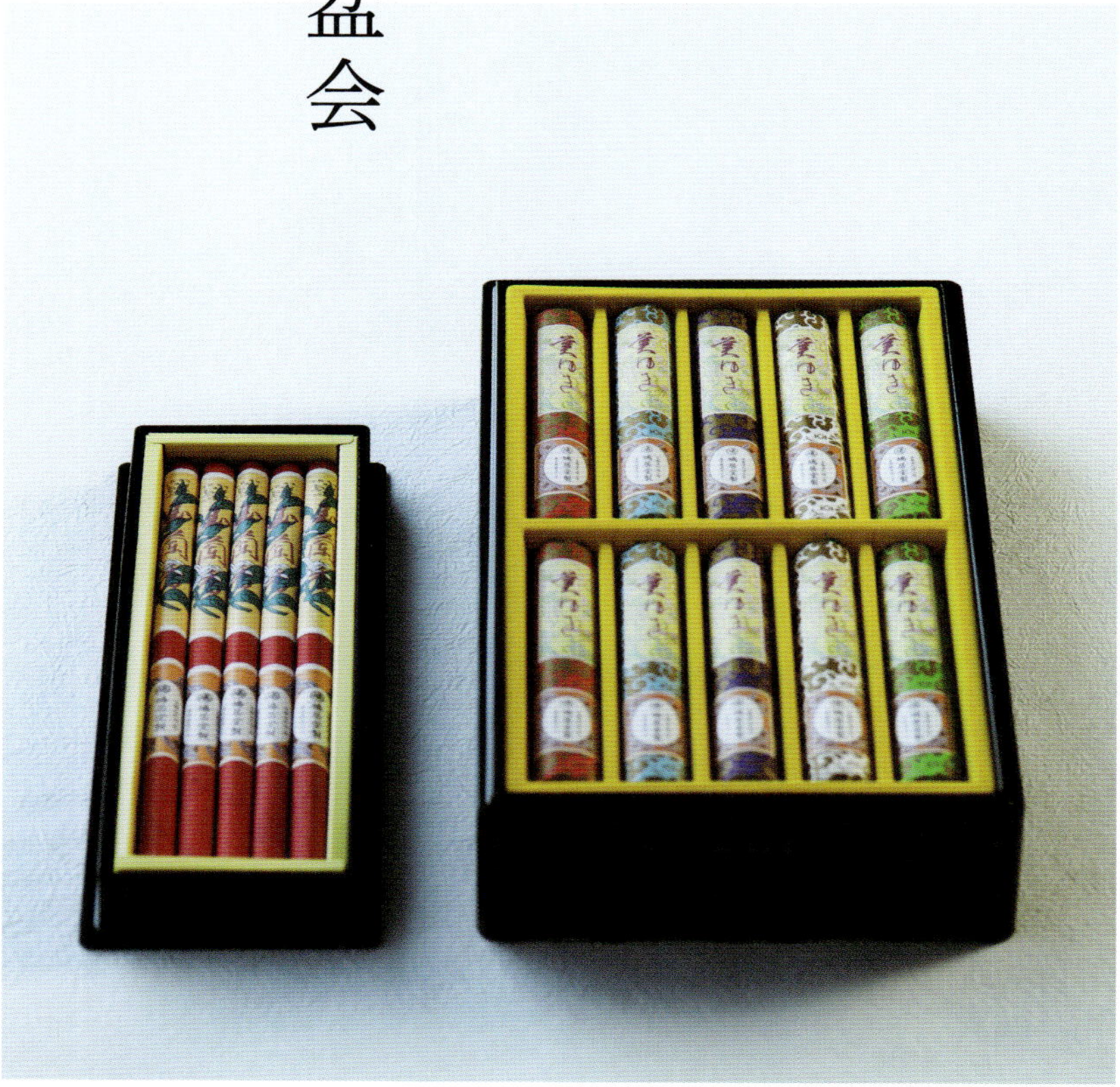

お盆に訪問する際には、香りのよい上質なお線香を仏壇にお供えし、ご家族とともに故人を偲ぶ、静かな時間を。

多くの日本人にとって、お正月とお盆は一年のうちでも特別な時ではないでしょうか。先祖代々の精霊を迎えて供養をするお盆。二十一世紀になっても、夏休みは「お盆休み」が中心になっているほど、お盆は大事にされてきました。

お盆は「盂蘭盆会《うらぼんえ》」ともいいます。「盂蘭盆会」はサンスクリット語の「ウランバナ」から来た言葉です。お釈迦様の弟子の目蓮が「亡くなった母が餓鬼道に落ちて苦しんでいるのを助けたい」とお釈迦様に助言を求めたところ、「夏の修行の最終日、七月十五日にすべての衆僧に食べ物を施しなさい」と言われ、そのとおりにしたところ母親が救われた、という伝説が由来とされています。

西日本では、旧暦の七月十五日（月遅れの八月十五日）を中心に行われることが多く、関東地方では新暦の七月十五日に行うなど、地域によって違いがあります。今は、お盆の期日は十五日までが一般的ですが、十六日までという説もあります。

毎年、八月十六日に京都で行われる「五山の送り火」も、お盆の送り火の一種で、中でも「大文字《だいもんじ》」が有名です。先祖の霊を送ると思って荘厳な送り火を眺めると、美しさも格別では。（P190補足解説）

新盆

新盆のしきたりは地方地方で少しずつ異なります。盆提灯を贈る場合も、年長者や詳しい人に、まずは相談して。

お盆を最も意識するのは、親族や近しい人が亡くなって初めて迎える「新盆《にいぼん》」（「初盆」ともいう）のときではないでしょうか。少し前にお別れしたばかりの大切な人の霊が帰ってくると思うと、お盆の準備にも、ことさら気持ちがこもります。

お盆には提灯《ちょうちん》、行灯《あんどん》を飾りますが、新盆には、身内は白木と白い火袋《ひぶくろ》で作られた白い提灯を用意します。親戚などが贈る場合は、模様の入ったものを贈ります。盆提灯は、本来は対で贈るものですが、今は一張でも問題ありません。新盆に贈る場合は七月の初めまでに贈るのがいいでしょう。遅れるよりも早いほうがいいという考え方もあり、六月中に贈ってもいいでしょう。

鳩居堂の店頭にも六月上旬からお盆提灯が並びます。上質な和紙である美濃紙を使い、繊細で美しい模様をほどこした岐阜提灯。最近は、小さくて上質なものに人気があるようです。

新盆には提灯ではなくお線香を贈っても、もちろんかまいません。お線香の煙と香りは仏様のご馳走です。よい香りのお線香を選びましょう。贈る場合の表書きは「御仏前」もしくは「御供《おそなえ》」とします。

お月見

お月見の酒宴は、心躍るもの。丸い盆を月に見立て、アンティークのうさぎをちょこんと置く、そんな演出も。

秋の澄んだ夜空に浮かぶ満月の下、すすきや団子、芋などを飾り、酒宴を楽しむ。なんとも風雅な日本人の月の楽しみ方です。

旧暦の八月十五日の満月は、中秋の名月、十五夜と言われ、「お月見」といえば、この満月のことをさすほどでした。中秋の名月を愛でる風習は中国から伝わり、平安時代に貴族の間に取り入れられ、やがて武士、町民へと広がっていきました。もともと月の満ち欠けによって月日を知り、農業を行っていた日本人にとって、十五夜は収穫の感謝祭の意味もあったのでしょう。月に感謝し豊作を願いました。芋などの収穫時期でもあり、「芋名月」という別名もあります。

また、十五夜から一カ月後、旧暦九月十三日の月を「十三夜」といって愛でる風習もありますが、これは日本独自のもの。豆や栗の季節でもあり「豆名月」「栗名月」という名もあります。また、「後《のち》の月見」ともいい、十五夜に月見をしたら、必ず十三夜も行い、どちらか一方が欠けるのを「片見月」といって嫌いました。

お月見は旧暦で行います。旧暦の八月十五日は、新暦では毎年違う日になりますが、気候もよい時期。美しい月を眺めてみませんか。（P190補足解説）

重陽の節句

菊は梅、竹、蘭とともに四君子《しくんし》のひとつ。数多くの品種が栽培されています。重陽の節句には、菊の花を求めて。

九月九日は重陽《ちょうよう》の節句。桃の節句や端午の節句、七夕と比べて影の薄くなった重陽ですが、昔の日本人は季節の変わり目には必ず移りゆく自然を楽しみ、気候の変化に伴う病気除けや厄除けを願いつつ、儀式として祝ってきました。

中国の陰陽説では奇数を陽として、陽の究極の数字、九が重なるこの日はたいへんおめでたい日とされていました。旧暦の九月は菊の季節でもあり、菊の節句とも呼ばれています。

日本には平安時代に伝わり、宮中では菊を浮かべたお酒を飲み、長寿を祝う「観菊《かんぎく》の宴」が行われていました。前日に菊の花に真綿を広げておき、菊の香りが移り、朝露がしみ込んだ真綿で身体を清め、若さと長寿を祈る風習もありました。この優雅な風習は「菊の着せ綿」と呼ばれて、『枕草子』や『紫式部日記』にも記されています。菊は仏事のイメージが強くなりましたが、もともとは高貴さと長寿の象徴です。その美しさをもう一度、見直して、楽しんでは。

京都の上賀茂神社では、今でも九月九日に本殿に菊花を供え、菊酒をふるまうなどの重陽神事を行っています。九月九日は本格的な菊の季節には早い時期ですが、若さと長寿を願いに出かけてみるのも趣があります。

左義長

「左義長《さぎちょう》」という言葉になじみがなくても、「どんど焼き」といえば、わかる人も多いのではないでしょうか。

松の内まで飾っていた門松や注連飾りなどのお正月飾りは、一月十四日や十五日に寺社の境内や田んぼなどで行われる火祭りで燃やします。燃やした煙に乗って、お正月にやってきた年神様が帰っていくと言われています。また、その火で焼いた餅や団子を食べると無病息災でいられるとされました。これが「左義長」、「どんど焼き」です。地方によって「さいと焼き」「どんどん焼き」などという呼び名もあります。

「左義長」の語源は、平安時代の貴族の遊びに、毬杖《ぎっちょう》という木で作った棒で毬《きゅう》という木のボールを打つ遊びがあり、その毬杖が壊れると三本合わせて焼いたことから、とも言われています。

また、宮中では青竹を束ねて立て、吉書や扇子、短冊などを焼き、そのときに三本の毬杖を結びつけたことからとも。

「左義長」の火に、竹竿の先につけた書き初めをかざし、それが大きく舞い上がると書道の腕が上がるとも言われています。

第二章

祝い寿ぐ

熨斗鮑

本物の、のした鮑で作られた熨斗鮑。右上に配された
茶色の乾物がそれです。最上級のお祝いの金封です。

熨斗鮑は「のしあわび」と読みます。若い人なら「熨斗と鮑?」と首をひねる向きも多いことでしょう。

祝儀袋の右上についている飾りが「のし」です。日本では、昔、新鮮な海のもの、山のものを神様に捧げる風習がありました。なかでも尊ばれたのが、食べると長寿をもたらすとされていた「鮑」です。昔の人は贈り物の際に、神への供え物と同じように「鮑」も一緒に贈りました。その鮑を引きのばして(のして)干したものが「熨斗鮑」です。のすことで、「寿命や幸せ、喜びごとが引きのび、続いていくように」という願いもこめていたのです。

現在の祝儀袋についているものの多くは、熨斗鮑を模して紙で作った飾りです。水引同様、印刷されたものもあります。

お祝いのかけ紙や金封を「のし紙」や「のし袋」とも呼ぶように、のしはお祝い全般に使います。弔事には、「弔事での殺生を避ける」、病気見舞いには「病気を延ばさないように」という考えから、のしをつけないのが一般的です。

また、魚介類や肉、果物などの生鮮食品を贈る場合も、「のし」は使われません。理にかなっているということでしょうか。

結納

台にのせきらないほどの関東の結納品。ひとつひとつ上等な奉書紙や檀紙に包まれ、結婚を寿ぐ喜びが伝わります。

結納《ゆいのう》を交わす、こんな言葉も、聞くことがまれになってしまいました。

結納の起源は仁徳天皇の時代にさかのぼり、室町時代には武家・公家に広まり、庶民の間には江戸時代末期から明治初期に広まったと言われています。

かつて「結納」は婚約を確定するための大事な儀式でした。両家が新しく縁を結ぶために飲食をともにする、そのときに用いる酒や肴《さかな》が「ユイ（ユイノモノ）」であり、それを男性側から女性側に贈る儀式が「結納」だったのです。

現代の結納品（結納飾り）は、結納金の金封に縁起物を加え、その目録を添えたものを呼びます。地域によって結納の方法も飾り物にも違いがあり、大きく分けると関西式と関東式があります。

最近は結納を省略するカップルも多いようですが、結納そのものの由来や結納品のひとつひとつの意味を知ると、お祝いにふさわしい儀式と再認識することもあるのではないでしょうか。不老長寿の象徴「長熨斗《ながのし》」、たくましい男性を表す「勝男節《かつおぶし》」、白髪になるまで仲睦まじく「友白髪《ともしらが》」、子宝に恵まれる「子生婦《こんぶ》」（昆布）……。略式でもいいので結納を行いたいという場合には、「目録、金包、長熨斗」の三品の結納飾りもあります。（P191補足解説）

婚家先みやげ

純白の和紙で包み、金銀の水引をかけ、御先祖様と書き、
下に名前を入れるのが関東式。格式のある佇まいです。

結婚は「両家のもの」というより「本人同士のもの」という感覚のほうが強くなっている最近では、「嫁ぎ先」という言葉に抵抗を感じる人もいるかもしれませんが……。女性が結婚相手の家族やご先祖様＝嫁ぎ先（婚家）に「おみやげ」を持っていく、という昔ながらの風習があります。

「婚家先みやげ」と呼ばれるこのしきたりには、婚家への仲間入りのご挨拶と、ご先祖様への感謝とご挨拶の意味がこもっています。家族やご先祖様を大切にしてきた、日本人の心を継ぐしきたりともいえるでしょう。

嫁ぎ先の家族へは、かつては白生地を贈ることが多かったようですが、最近は身に着けるものや身の回りのものを贈ることが多いようです。ご先祖様へは嫁ぎ先に仏壇がある場合、「お線香」を持っていきます。婚家先みやげは、かつては荷物送り（婚家に花嫁道具などを運び込む）のときに一緒に持っていきました。現代では結納や婚約、家族の顔合わせの食事会などの際に先方に渡すことが多いようです。ご先祖様へは結婚が決まったあと初めて相手の家に行くときに持参します。ご先祖様という目に見えない尊く大きな存在にも心配りをする風習に、古くからの日本の家族のありようを感じます。（P191補足解説）

結婚祝い

結婚祝いの祝儀袋。オーソドックスなものを選べば無難ですが、最近ではカジュアルウエディング用に個性派も。

縁あって結ばれる。今も昔も結婚は人生の特別な慶びごとです。今は結婚披露宴に招待されると、当日、お祝いとして現金を包んで持っていくことが一般的になりましたが、かつては、式の一週間前までの吉日（大安など）の午前中に、相手方の自宅に持参するのが正式とされていました。

お祝い金を包む袋（金封）を祝儀袋といいます。鳩居堂で扱っている祝儀袋は、結婚祝い用だけでも約五十種類。金銀の水引をかけたオーソドックスなものから、カラフルな水引を用いた新しいデザインのものなど、種類の多さに、どれを選んでいいのかとまどうことも多いのではないでしょうか。

結婚祝い用の祝儀袋の基本は、白い和紙を使い、金銀の水引を十本、「結び切り」という結び方で結んだものです。結び切りというのは、両端をひっぱってもほどけない結び方で、結婚や葬儀など「一度きり（二度あってほしくない）のこと」に使います。水引は五本で一単位と考えられていますが、結婚は両家のことなので十本とするのが一般的です（市販の結婚祝い用の祝儀袋は八本のものなどもあります）。祝いごと、おめでたいことは派手めに、というのも金封選びの基本です。（P192補足解説）

引き出物

昔から引き出物によく選ばれてきた陶磁器や塗りの器。
食のシーンは、どんな時代でも大切にされてきました。

「引き出物」というと、結婚式の披露宴で最後に受け取るおみやげ、と思う人が多いかもしれませんが、結婚祝いのパーティーや法要などの仏事の場合でも「引き出物」という言葉を使います。

「引き出物」は、平安時代、饗宴の際に主人から客へ、馬を庭に引き出して贈ったのが起源と言われ、後には馬から武具に変えてそれらを贈り物にした、とも伝えられています。その後、饗宴の際の食べ物をおみやげとするようになり、さらに鰹節や砂糖などの品物へと変わっていきました。

最近は結婚式の引き出物も、招待客が好みで選べる「カタログギフト」が使われることも多くなりました。物を贈る場合も、招待客との間柄、年齢、男女などによって、別々のものを用意することも多いようです。

お祝いごとの引き出物はお客様に幸せを分ける贈り物と考えて、気持ちをこめて選びたいものです。箱を開けて品物を手に取ったときの、相手の喜ぶ顔を思い描いて、感謝の心が伝わるものを。

結婚式の引き出物には、金銀（紅白）の結び切りの水引をかけ、表書きには「寿」の文字を。下には新郎、新婦の名前か両家の姓を入れます。

内祝い

内祝いの品物選び、あれこれ頭悩ませ、あれこれ楽しい、
そんな時間。喜びごとを分かち合う気持ちを添えて。

最近は出産や結婚などのお祝いごとに際して、金品をいただいたときのお返しを「内祝い」と呼ぶことが一般的になりました。

しかし、本来の内祝いは喜びごとがあったときに、その喜びごとを分かち合い、一緒に祝っていただきたいという思いで、親族や親しい人などに配るものでした。配るものも、お赤飯やお餅などが使われていました。

「内祝い」が「お祝いのお返し」と考えられるようになったのは、お祝いをいただいていない人に「内祝い」を贈ると、「お祝いの催促」と取られてしまうかもしれない、という気遣いからでしょうか。

お祝いをいただいたときの「お返し」としての内祝いは、出産の場合は紅白蝶結びの水引に「内祝」として、赤ちゃんの名前で贈ります。赤ちゃんの名前にするのは、名前のお披露目の意味があるからです。読みにくい名前には、読み仮名をふりましょう。披露宴に招待しなかった人から結婚祝いをいただいた場合は、紅白もしくは金銀十本の結び切りの水引をかけ、表書きは「寿」や「内祝」として、結婚後の姓で贈ります。また、病気のお見舞いをいただいた方へのお返しは、全快時に「内祝」「快気祝」として贈ります。（P192補足解説）

折形

現在、市販されている金封は、祝儀袋も不祝儀袋も同じ重ね方になっていますが、自分で和紙を折って作っていた時代は、着物と同じように祝儀袋は向かって右が上にくるように重ね、不祝儀袋は左が上にくるように重ねていました。この折り方の元となったのが「折形《おりかた》」（折方）です。平安の時代から、日本では贈り物を紙で包む作法がありましたが、それが室町時代に武士の礼法「折形」として確立しました。将軍足利義満は今川家、小笠原家、伊勢家の三家に礼法の研究をさせたと言われます。その礼法は各家で秘伝として伝えられたため、長い間上流武家だけのものでしたが、江戸時代中期になって「折形」が一般に広まり始め、明治、大正、昭和初期と普及していきました。女学校の教科書には数種類の折形が載っていたそうです。折形では包むものによって包み方が異なり、また、流派によっても異なるため、数多くの折形が考案されたといいますが、第二次大戦後、あっという間に日常から消え去っていきました。

現在の金封の中包みは、ほとんどが封筒型ですが、折形では金封の中包みも、慶弔により異なる包み方をします。最近、カルチャースクールなどで「折形」の教室が開かれているので、興味があればのぞいてみるのも。（Ｐ１９２補足解説）

第三章

親しむ、遊ぶ

書き初め

準備を整え、墨をすり、練習をして、本番の書き初め用の紙に向かう。緊張とともに清々しい年初。

小学校、中学校の冬休みの宿題、お正月の「書き初め」は、子どものころの思い出のひとつではないでしょうか。年の初めに墨をすり、筆を持つと、自然と背筋がのびて気持ちもあらたまりました。

書き初めは一月二日に行われ、元日の早朝に初めてくむ水「若水《わかみず》」を使い、筆で書や画をかく風習で、もともとは宮中の儀式でした。一般に広まったのは江戸時代に寺子屋が普及し、明治時代になって書道を学校で教えるようになってのことでしょう。江戸時代には恵方《えほう》に向かって詩歌を書く風習もありました。書き初めで書いた書は、字が上手になるようにと神棚に供えて、一月十五日の左義長で燃やします。紙片が高く舞い上がるほど上達するとされていました。日本の書の三聖人の一人とされる菅原道真をまつる各地の天満宮では、お正月に書道の上達を願う書き初めの行事が行われています。

小中学校の書道の時間以来、筆を持ったことがない、という人も多いでしょうが、道具も少なく、家で手軽にできる趣味として、書を大人になって始める人も増えています。次のお正月には、お気に入りの文字を書いてみてはいかがでしょう。

墨と硯

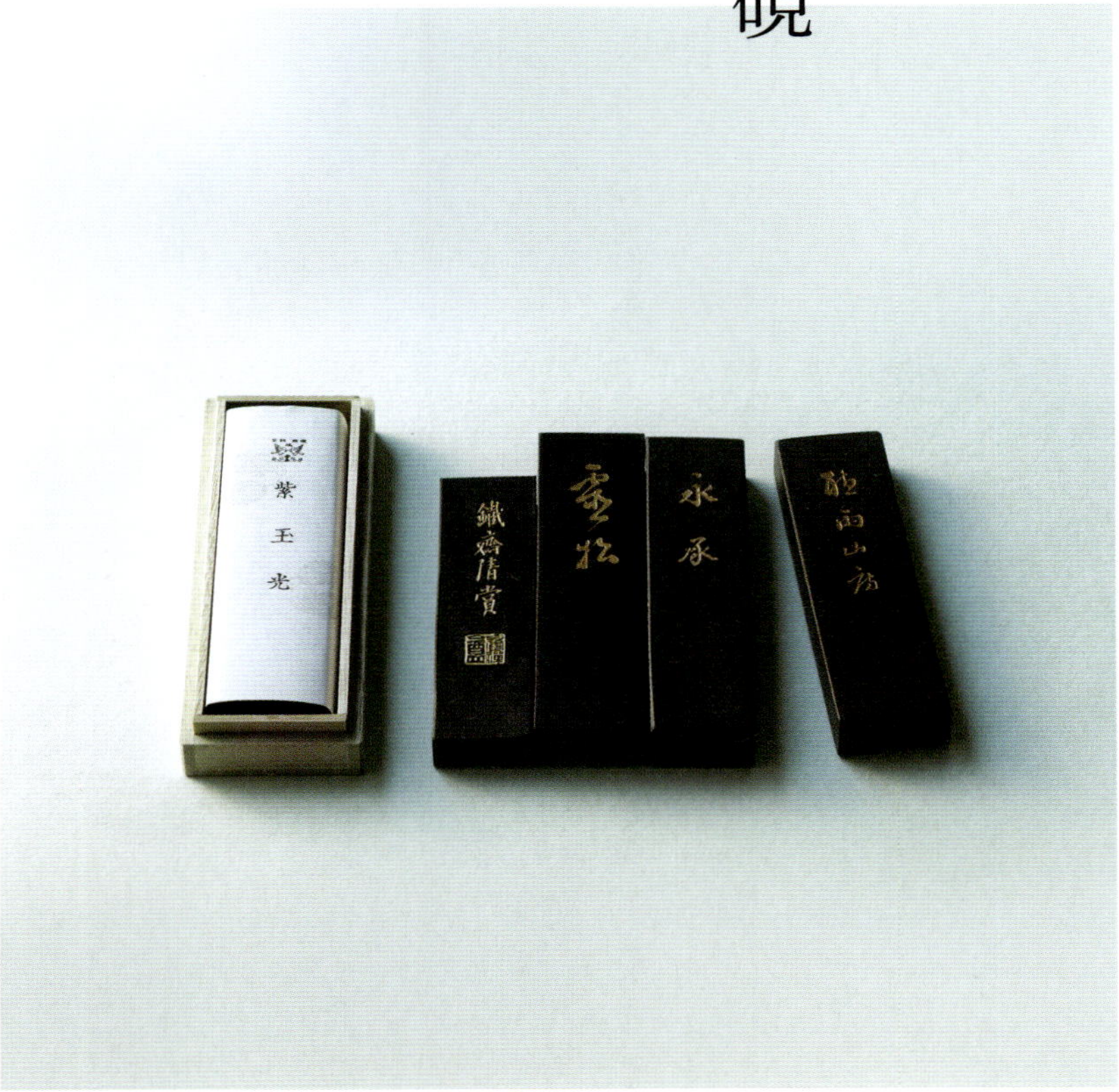

艶消しの黒と金の箔押しの銘。墨ひとつひとつにこめられた丹精に、身が引き締まり、墨の香もまた格別です。

鳩居堂の店内には「筆研紙墨皆極精良《ひっけんしぼくみなきわめてせいりょう》」という書が飾られています。「研」は硯です。すずりという名前は「墨磨《すみす》り」から来ています。文房四宝《ぶんぼうしほう》という言葉がありますが、書斎の四つの宝物という意味で、筆、墨、硯、紙のこと。墨は古くは煤《すす》の粉末を使っていたものが、中国の漢の時代に煤を固めて使うようになったと言われています。日本では、推古天皇の時代（六一〇年）に渡来した僧が作ったのが初めとされています。

墨は煤に膠《にかわ》と香料（龍脳《りゅうのう》）を加えて練り上げ、木型に入れて成形し、乾燥させて作ります。原料に松の煤を使った「松煙墨《しょうえんぼく》」、菜種油やごま油などの植物油を使った「油煙墨《ゆえんぼく》」、鉱物油を使った「改良油煙墨」があります。松脂《まつやに》を使った中国の古墨《こぼく》(五十年、百年たったもの)の色は美しく貴重で、書や画の専門家に好んで使われているそう。墨は枯れることで、美しい色が出るといいます。

趣味として書を始めようと思ったら、そろえたいのが「文房四宝」です。墨は、専門家ともなれば漢字や仮名などによって使い分けます。文房四宝のうち、筆、墨、紙は消耗品ですが、硯は長く使うもの。素材も価格も実用的なものから高価なものまでさまざま。詳しい人に相談するのが一番です。（P193補足解説）

毛筆

頼山陽をはじめとする多くの文人墨客との交友から得られた筆作りの技術、鳩居堂の筆は長い歴史とともに。

「弘法筆を選ばず」とはよく聞くことわざですが、実は弘法大師（空海）は、筆を選んだ、といいます。弟子がまとめた弘法大師の文章には、「上手な字を書く人は、質のよい筆を選び、用途によって筆を選ぶ」といった意味のことが書かれているとか。

一本の筆を作るにはいくつもの工程があります。見ただけではわかりませんが、筆には、さまざまな「毛」が使われているというのにも驚かされます。山羊（羊毛ともいう）、鹿、猫、狸、馬、鼬《いたち》、貂《てん》など。墨をたっぷり含み、耐久性のある山羊の毛、腰の強い馬の毛など、それぞれの特徴を生かして組み合わせて作られているのです。どのような字を書きたいかにより適した筆があるので、初心者は先生や専門店に相談して選ぶのがよいでしょう。

筆には筆の穂先をふのりで固めた「固め筆」と、固めてからさばいた「捌《さば》き筆」があります。固め筆をおろすときは、使う部分を指先でていねいにもみほぐし、水またはぬるま湯につけてのりを落とします。そして水分を布か紙で拭き取り、初めて墨を含ませます。使い終わったら布か紙で墨をよく拭き取り、太筆は洗い、穂先を整えて乾いてから筆吊りなどを使って保管しましょう。

和紙

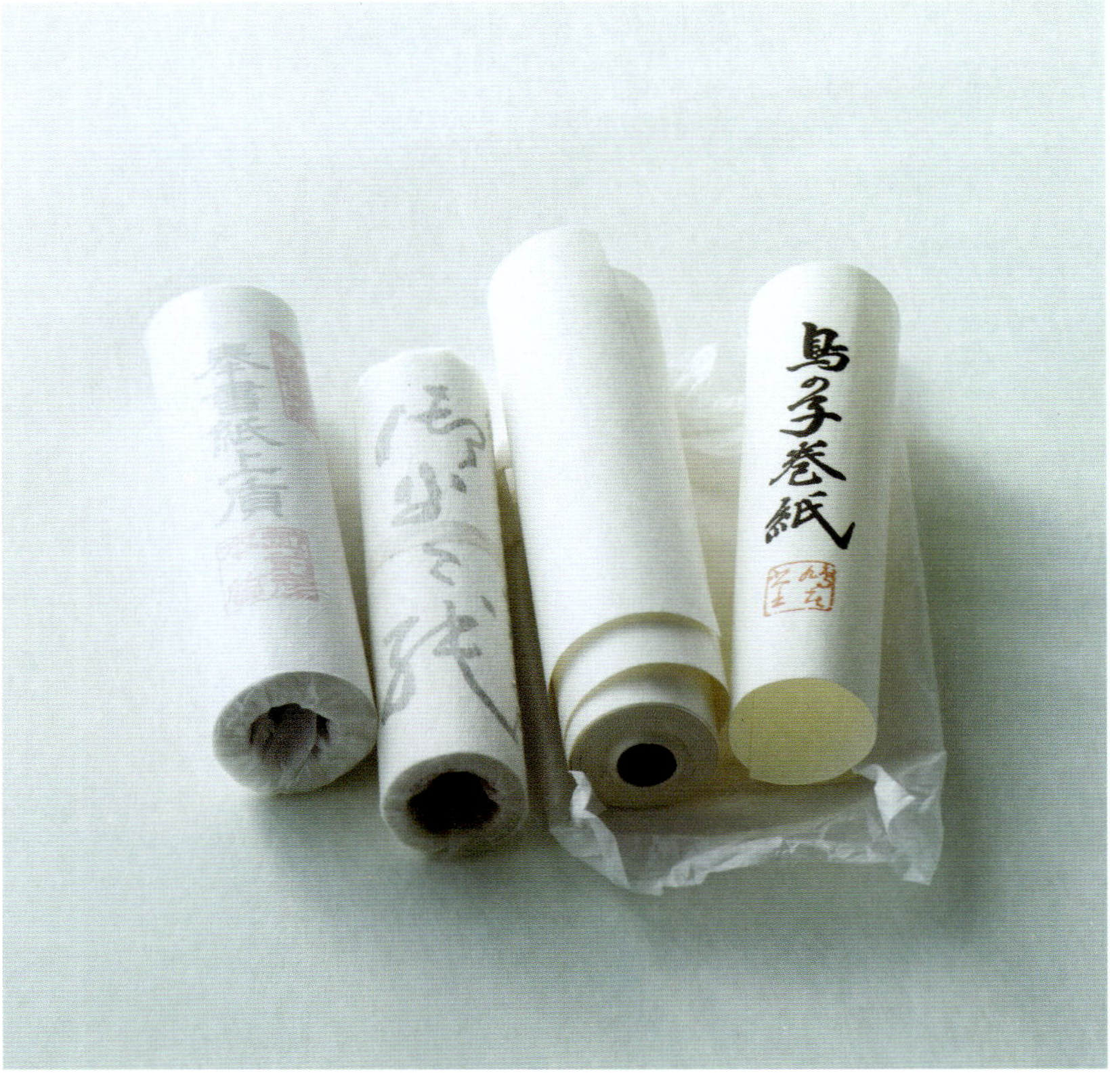

奉書紙、檀紙、障子紙など楮を原料とした和紙は、湿度に強く、伸縮が少なく、加工に強いのが特徴です。

和紙の柔らかい手触り、やさしい色合い。そしてたおやかな見かけによらず、しっかりとして丈夫なことは、よく知られています。

和紙の製法、紙漉きの技術は、飛鳥時代に高句麗の僧、曇徴《うんび》によって日本にもたらされたと、『日本書紀』に記されています。以来、紙漉きの技術は国内各所に伝わり、朝廷の文書や寺院の写経用に使われました。紙は神仏への供物ともされ、高貴で神聖なものでもありました。

現代の日本人に最も身近な和紙は、書道に使われる半紙でしょう。もともとは、杉原紙（播磨国〈現在の兵庫県〉の杉原谷で作られた和紙のこと）を半分に切った大きさであることから半紙といいます。杉原紙は檀紙《だんし》や奉書紙《ほうしょがみ》より薄く、江戸時代には贈り物を包むのに使われました。平安時代から高級和紙とされてきた檀紙は、現在は楮《こうぞ》を原料として作られ、厚手で縮緬状のしわがあるのが特徴です。しわは元禄以降、つけられるようになりました。奉書紙も楮から作られる高級和紙で、室町幕府が公文書に用いたことから「奉書」（命令文書）という名前がつきました。純白でしわのない奉書紙は、儀式用や正式な文書、手紙、贈答品の包み紙として使われています。（P194補足解説）

写経

写経に用いる紙は写経用紙として何種かあり、黄色の染紙や、印刷された文字をなぞる「なぞり書き用」なども。

「写経」という言葉には、どこか不思議な響きがあります。古くは経典を広めるために行われていた写経は、時代をへて、願いごとや供養のためになされるようになりました。お経は観ることで、読むことで、さらに書き写すことで、より功徳が得られると言われています。

現代では、心を落ち着けてリラックスするため、集中力を養うため、字の上達のため、自分自身を見つめるため、脳のトレーニングのためなど、さまざまな理由から、年代を問わず写経に心惹かれる人が増えています。お寺での写経会だけでなく、カルチャースクールなどの写経教室も盛況のようです。

写経では、「般若心経」を書き写すことが一般的で、自宅で行えるお手本や写経用の道具なども市販されています。写経用の筆は、書きやすいように穂先が短く先が錐《きり》型になっています。

写経をするときは部屋を清潔に整えて香を炷《た》いて清め、手を洗い、口をすすぎ、心落ち着けてから、などと言われます。慣れないうちは、お手本の上に用紙をのせて、なぞることから始めても。一字一字ていねいに、間違えないように書き写します。書き始めたら、最後まで書くことが大事です。

香を聞く

香炉に灰とたどんを入れ、印香や煉香、香木を銀葉《ぎんよう》（薄い雲母の板）の上に置き、香りの変化を楽しみます。

平安の昔より、香りを楽しむことは日本人の大切な生活文化のひとつでした。日本の伝統的な芸術文化のひとつ「香道」も、ひそかなブームになっているようです。ここ十数年、アロマテラピーなど西洋の香り文化が広く浸透した結果、日本古来の香りの文化にも目が向けられるようになったためでしょうか。

香道が体系的に整えられたのは室町時代のことと言われています。「香木《こうぼく》」を一定の作法に基づき鑑賞する「香道」では、香りを「かぐ」とは言わずに、香りを「きく」と表現します。その由来には諸説あり、お酒の種類を選別する「利き酒」同様、香りを「利き分ける」意味から。また、香りと向き合い、香りに問いかけてその答えを「聞く」、香から立ち上る煙に思いを託し、天に「聞き届けてもらう」など。

日本のお香には独特の香りがあり、その香りを「きく」と日本人の奥深くに眠る何かが呼び起こされるような気がします。手軽に楽しむには部屋用の線香タイプもありますが、香りは「残り香」を楽しむのが一番。ときには香炉で炷《た》く「煉香《ねりこう》（練香）」や「印香《いんこう》」など、時間とともに変化していく香りを楽しみたいものです。（P194補足解説）

慶事とお香

鳩居堂の煉香は、天然香料を練り上げた日本古来の香り。
宮中に献じられた由緒ある名香の秘方を伝承しています。

気分を和らげたり、眠りを誘ったり、覚醒させたりしてくれる香りを生活に取り入れる人も増えてきました。とはいえ、日本のお香は茶道では使われていますが、一般的には、とかく仏事のイメージが強くあります。

日本人は千年もの昔から、四季折々の香りを楽しみ、お正月やお祝いごとなどにも、それにふさわしい香りを楽しんできました。

煉香には平安の時代から「六種《むくさ》の薫物《たきもの》」という代表的な名香があります。『源氏物語』にも登場します。六種とは「黒方《くろぼう》」「梅花《ばいか》」「荷葉《かよう》」「菊花《きっか》」「侍従《じじゅう》」「落葉《おちば》」の六種類。「黒方」は、四季を問わず慶事に使われることの多いお香ですが、黒は冬の色。もともとは冬の香りです。「梅花」は春、「荷葉」は夏、「菊花」は秋、「侍従」「落葉」は冬などとされています。このほか、お香は命名にも凝っていて、「若松《わかまつ》」、「松重《しょうじゅ》」、「瑞煙《ずいえん》」（山水にかかるめでたい雲霧の意味）など、香りのイメージと合う銘がつけられています。お正月には「黒方」や「若松」、節分のころには「梅花」、重陽の節句には「菊花」など。雅やかで幽玄な和の香りを、お祝いごとや季節の行事に取り入れてみてはいかがでしょうか。ゆったりとした時間の流れを感じることでしょう。（P195補足解説）

懐紙

懐紙のちょっとした使い方で、所作が美しくなります。あらたまった会食など、食事のときのマナーにも適います。

透かし模様の入ったもの、季節ごとに美しい絵柄の入ったものなど、工夫をこらした懐紙を目にすると、日本人が素敵なものを考え、使い続けてきたことに感じ入ります。

平安時代の貴族は、常に懐に畳んだ紙を入れて、手を拭いたり、菓子を取ったり、即興の歌を記すなど、さまざまな用途に使っていました。「ふところがみ」「かいし」「てがみ」などとも呼ばれていました。

今の時代にも懐紙はティッシュペーパーやハンカチのかわりに、メモ書きに、ポチ袋がわりに、お菓子を取り分けるのにと多様に使えます。茶道で使われることが多い懐紙ですが、普段からバッグに入れておくと重宝するでしょう。

また、懐紙は女性が婚礼祝いをいただいたとき（自宅に持ってこられたとき）に、お返しとして渡すのにも使われています。この場合の懐紙は二帖を抱き合わせにして包み、金銀の水引を結び切りにして、「寿」として花嫁の名前を書いて渡します。

婚礼祝いのお返しではなくても、何かいただいたときのちょっとしたお返しなどに、手ごろな価格の懐紙を手元に置いておくと便利です。（P195補足解説）

集印帖

集印帖は、固い表紙をつけた屏風折のものや、和綴じのものもあります。旅のスクラップブックにしても。

「パワースポット」という言葉の流行とともに、全国各地の神社仏閣にお参りする人が増えています。と同時に、神社や寺院の「御朱印《ごしゅいん》」を集める人も増え、集印帖《しゅういんじょう》にも注目が集まっています。集印帖は、「御朱印」を書いていただくための帳面。和紙を使い、表裏が使えるように折って仕立てられています。しっかりした表紙もついていて、開くと左右の面がフラットになるのも特徴です。

寺社の「御朱印」の起源には諸説ありますが、もともとは「納経印」と呼ばれ、参拝して写経を納めた（納経）証としていただいたもの。現在では、納経しなくても少額の料金（お布施《ふせ》・初穂料《はつほりょう》）を納めると、印を授けてくれるところは多いのですが、最低限のマナーとして、謙虚な気持ちで参拝をしてからいただきましょう。

筆で書き入れられた文字の墨色と印の朱色の対比が美しい「御朱印」。集印帖にいくつも並んだ「御朱印」は、寺社それぞれの特徴があり、参詣の思い出とともに大切な宝物に。寺社をめぐる旅には、ぜひ、持っていきたいものです。鳩居堂では、「和紙を使った折り方の珍しいノート」として、集印帖を、おみやげに買っていく外国の方も。

うちわ

うちわや風鈴、水打ち。昔ながらの道具や知恵を取り入れ、夏を涼しく、心地よく、五感を大切にした暮らし。

ゆかたにうちわで涼をとる。日本らしい夏の風情です。節電、エコの時代、うちわのやさしい風も、見直されています。

うちわの歴史は古く、古代の中国やエジプトの壁画にも描かれています。日本に伝えられたのは飛鳥時代。うちわの用途も、あおぐだけではなく、威儀を示すためや儀式に使われたりもしました。相撲の行司が持っている「軍配」も、うちわの一種と聞くと、なるほど、とうなずく人もいるのでは。

うちわは骨と扇面でできていますが、その素材もさまざまなものが使われてきました。軽くて丈夫な竹と紙が広く使われるようになったのは室町時代と言われています。その後、良質な竹がとれる場所が産地となり、地域ごとに独自の発展をとげました。

京都の「京うちわ（都うちわ）」は、細い骨を数多く使い繊細で雅なデザインが美しく、扇面を制作したあとで持ち手の柄《え》を差し込む「さし柄」の技法で作られています。切り絵を使った観賞用の京うちわ（透かしうちわ）もあり、見ているだけで涼を感じさせます。「房州うちわ」と呼ばれる千葉県のうちわは、丸みを帯びた柄と骨が一体となっているのが特徴です。

扇子

扇子にはあおいで涼をとる実用扇子のほか、茶席用扇子（茶扇《ちゃせん》）、飾り扇子、書や絵をかく白扇《はくせん》などもあります。

扇子の風は強いものではありませんが、顔のあたりをあおぐだけで、なんだか涼しげな気分になるから不思議です。真夏の外出には、ぜひ、バッグに一つ扇子をしのばせておきたいものです。

扇子は広げると「八の字」のような形になるため、「末広がり」に通じ「縁起がよいもの」として重宝されてきました。扇子そのものも「末広」と呼び、儀式のときの持ち物としても使われてきました。お祝いごとの贈り物にも、扇子は、よく使われています。

うちわは中国から渡ってきたものですが、折り畳みのできる扇子は日本で発明されたものと言われています。生産地としては京都と東京（江戸）が有名で、京扇子と江戸扇子に大別されます。何本もの細い骨が繊細で雅な印象の京扇子は、三十以上の工程を熟練した職人が分担して作ります。一本を仕上げるのに十五人もの人の手がかかっているのだそう。骨が少なく、シンプルで粋な江戸扇子は、骨を作るところから仕上げまで一人の職人が作ります。

扇子は向かって右側に開くようにできています。扇子を開くときは、紙に手を触れずに、親指で斜めにずらしてていねいに開くようにしましょう。

千代紙

着物の柄を眺めるように目移りする美しい千代紙。昔ながらのものは、和紙に木版手刷りで模様を刷り出します。

「千代紙」という名前もかわいらしく、さまざまな色使い、そして模様。いかにも日本らしい美しさに、目を奪われます。

千代紙は、日本の伝統的な模様や図柄が刷られた和紙のこと。千代紙という名前の由来には諸説あり、「京都の千代野御所の尼僧が進物のかけ紙に絵を描いたのが千代紙の始め」、「千代田城（江戸城）大奥で使われていた」「山内一豊の妻、千代姫が命名した」「松竹梅、鶴亀など千代を祝う図柄が多かったから」などなど。どれも「なるほど」と思うような説です。

千代紙には京千代紙と江戸千代紙があります。京千代紙は西陣の染めの技術との関係が深く、友禅模様や有職《ゆうそく》模様など色柄が多彩で、典雅な雰囲気のものが数多くあります。江戸千代紙は、江戸の錦絵屋が木版画の技法で印刷して売り出したもの。歌舞伎の一場面や役者紋づくし、いろはづくしや格子柄など、大胆で、しゃれた模様も数多くあります。江戸みやげとしても大人気だったとか。

千代紙は折り紙や姉様人形作り、進物の包みなど、遊びや暮らしの中の彩りに使われてきました。今は海外へのおみやげにも人気だそうですが、日々の暮らしの中にも、ぜひ取り入れてみませんか。

吉祥文様

杯や茶碗、皿など、器に施された文様は、食の場面で目を和ませます。吉祥文様の縁起にあやかって杯重ね……。

吉祥文様とは、縁起のよい図柄のことです。着物や帯、器、調度品、千代紙など、さまざまなものに取り入れられてきました。吉祥文様は主に慶事に使われますが、日常のものにも多々あるところを見ると、日常的に魔除けや厄除けとして、また吉祥（よい兆し）を呼び寄せることを意識していたのでしょう。

その図柄は天から地、すべての生き物、現象、そして物品が対象になっています。そして、長く長く受け継がれ今も生きているのですから、日本人のデザイン感覚のすごさを改めて感じさせます。

動物では鶴亀や鴛鴦《えんおう》（おしどり）、蝶など。植物では吉祥文様の代表でもある松竹梅、唐草、麻の葉など。麻の葉文は麻の丈夫さにあやかり、赤ちゃんの産着に使われてきました。「蘭、竹、菊、梅」の四種を組み合わせた模様は「四君子《しくんし》」と呼ばれ、着物などでは四季を問わない模様とされています。物では扇面（末広）、熨斗、貝桶など。自然では、青海波《せいがいは》（波）、瑞雲《ずいうん》（雲）など。円をつなげた七宝文や三角形を並べたうろこ文などの幾何文様もあります。

吉祥文様の吉祥の由来はさまざまですが、その意味を知ると、さらに興味がわいてきます。

縁起物

だるま、亀、梅、松をかたどった文鎮。紙や手紙、書物などが風で飛ばないよう、重しとしてのせる文房具です。

何かを始めるときや日常のちょっとしたことなど、縁起がいい、縁起が悪いなどと、ことあるごとに気にする人も少なくありません。この場合の「縁起」とは吉凶の兆しのことですが、「縁起物」となると「吉事が来ることを祈り、祝うため」のものとされることが多いようです。だるまや招き猫などは、その代表でしょう。

だるまは、禅宗の僧、達磨大師に由来します。達磨大師は壁に向かって九年間座禅を続けたことにより手足が腐ってしまったという伝説から、手も脚もないだるま人形が生まれたとされます。だるまさんの赤い色は魔除けの赤。群馬県高崎市の張子のだるまが有名ですが、その眉とひげは鶴と亀を表しています。願掛けをするときに、だるまの左目だけに目を入れ、願いがかなうと右目に目を入れる習わしがありますが、これは養蚕農家がよい繭ができるようにと願って始めたものです。

招き猫の由来には諸説ありますが、江戸時代の中期以降に江戸で誕生し、愛らしい猫の人形は全国各地でさまざまなバリエーションが作られるように。左手を挙げているのは「人を招く」、右手は「お金を招く」とされています。

かるた

「犬も歩けば棒に当たる」に始まるいろはかるた。藤原定家が選んだ百首の和歌をかるたにした小倉百人一首。今はゲームにとってかわられ、家族でかるたを楽しむ、という風景は消えつつあるのかもしれませんが、かるたも日本ならではの遊びです。特にいろはかるたは、遊び方も簡単で幼児から楽しめるので、お正月に限らず、家族が集まるときに用意してみてはいかがでしょう。

かるたのルーツの一つは、平安時代に貴族の間の遊びであった「貝覆《かいおおい》」(蛤の貝殻を使って対を合わせる遊び)や「唄貝」と言われています。小倉百人一首もいろはかるたも、作られたのは江戸時代。ことわざを覚えたり、字を覚えたり、歌を暗記したりといった、教育的な目的で作られたのでしょう。小倉百人一首は「競技かるた」としても楽しまれています。

いろはかるたは江戸と関西(上方)では、言葉が異なり、関西の「い」は、「一寸先は闇」。江戸の「ろ」は「論より証拠」、関西の「ろ」は「論語読みの論語知らず」など。江戸かるたは「犬棒かるた」などとも呼ばれています。比べてみるのも面白いのでは。その中身も時代によって使われなくなったり、意味がわからなくなったりしたものは差し替えられるなど、変遷があったようです。

第四章

弔いごと

ふくさ

台の表裏がえんじとグレーで慶弔の使い分けができる台付きふくさ。慶弔で使える紫が重宝します。

袱紗《ふくさ》、この漢字からも何やらゆかしさが感じられます。小さめの風呂敷、ふくさは、もともとは大切なものに魔除けや塵《ちり》除けの意味でかぶせた布でした。日本では品物を差し上げるときに、そのままでは失礼であるとされ、風呂敷やふくさに包んで持っていきます。

結婚祝いの祝儀袋やお葬式の香典袋を包んで持っていくのに使うのが、一般的です。包むことで水引がくずれたり、包みが折れたり汚れたりするのを防ごうという心配りなのでしょう。金封をスーツのポケットやバッグにそのまま入れて持っていくのは失礼と見る向きもあるので、一つは持っていたいものです。

金封を包むときは、ふくさを上下左右に角がくるように広げ、金封を中央に置き、慶事のときは左側の角を先にかぶせ、次に上、下、最後に右側をかぶせるように包みます。弔事のときは、右側の角を先にかぶせ、次に下、上、最後に左側をかぶせるように包みます。

日本では、人が亡くなったときには着物を左前に着せたり、布団を上下さかさまにかけるなど、普段とは違う作法で行います。ふくさの包み方も、それにならい、弔事は慶事の逆になります。（P196補足解説）

不祝儀

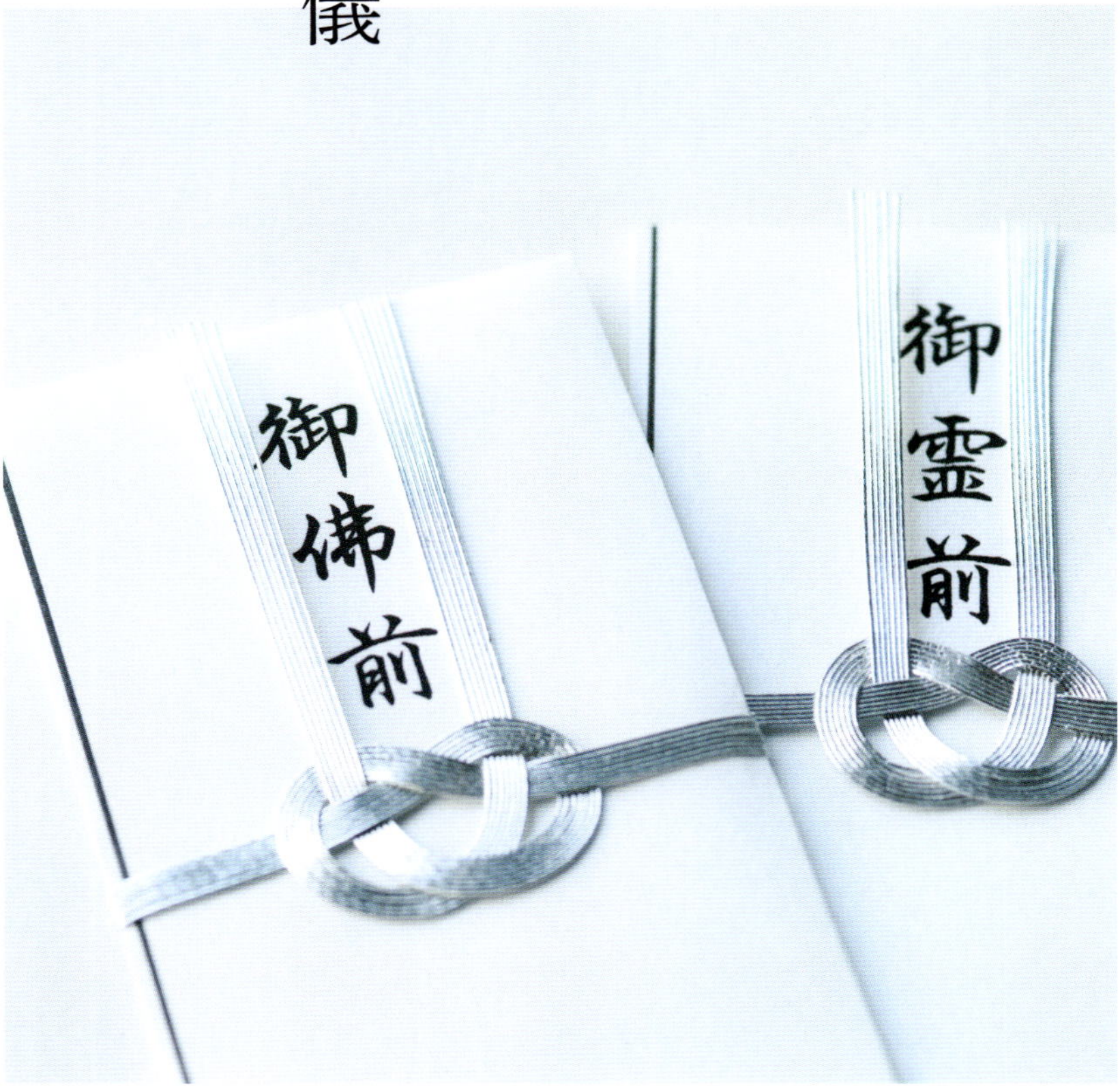

お悔やみの気持ちを表す不祝儀の際の金封。葬儀や年忌法要、宗教によっても、使う金封や表書きが違います。

亡くなった方を思い霊前に供える御香典。かつては、それぞれの家庭で和紙を自分で折り、水引をかけて持参していましたが、今は市販の金封を利用することがほとんどです。通夜や葬儀、法要などのときに、お金を包む袋（金封）を不祝儀袋といいます。市販の不祝儀袋も、さまざまな種類があって、迷ってしまうことが多いようです。

　不祝儀袋の基本は、白い和紙を使い、黒白、または銀一色（双銀《そうぎん》という）の水引を結び切りに結んだものです。結び切りは二度あってはいけないことに使われる結び方で、端を引っ張ってもほどけることがありません。水引の本数は五本が基本ですが、豪華な袋の場合は七本のものもあります。また、祝儀袋についているのしはついていません。

　通夜、葬儀にお香典を包んでいくときには、先方の宗教に合わせたものを使いましょう。包みに蓮の花が印刷されているものは仏教のみに使います。神道の通夜、葬儀の場合は、水引は双銀、双白。キリスト教の場合には十字架や百合の花模様の金封があります。（P196補足解説）

御霊前、御仏前

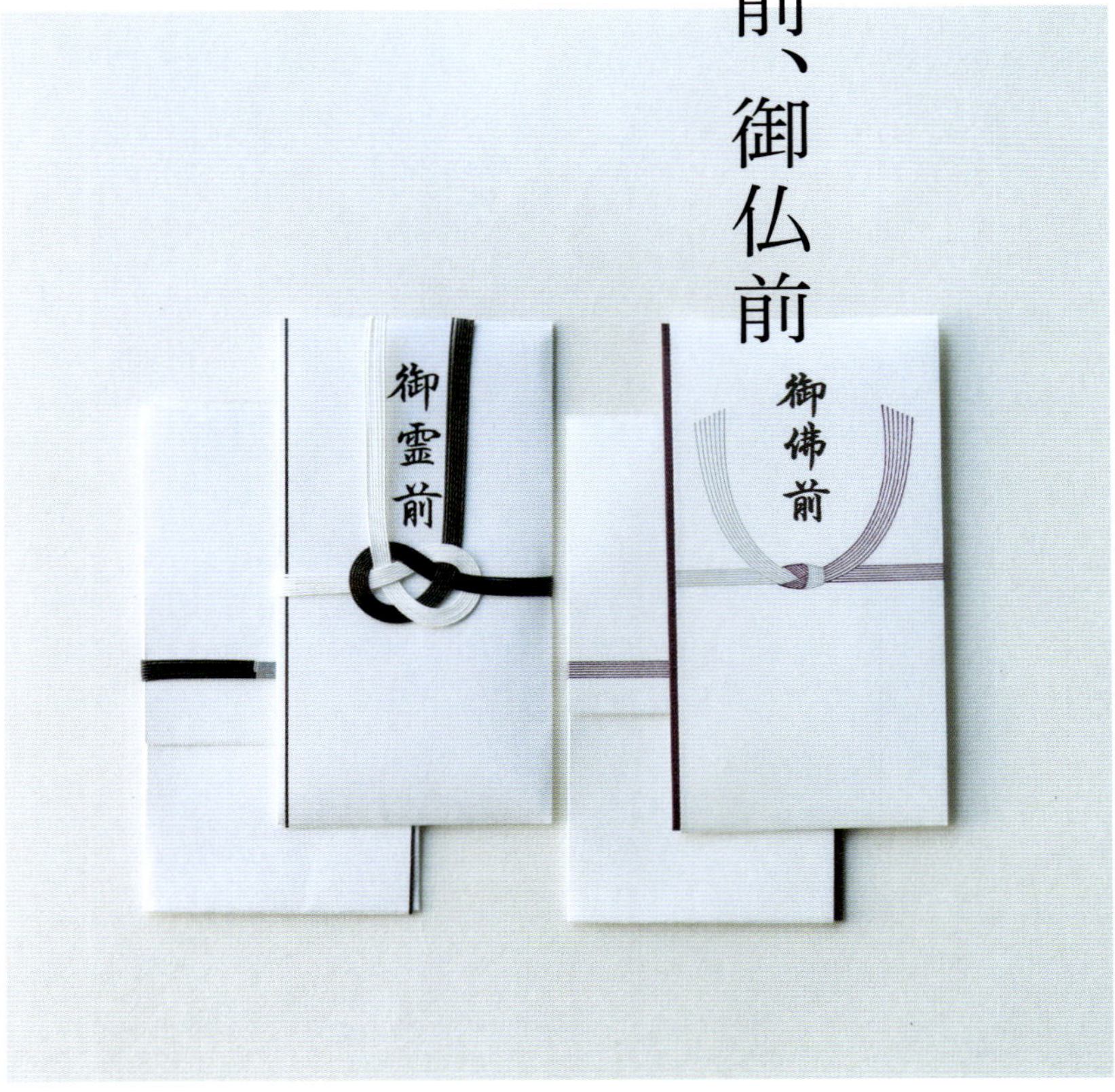

御霊前と御仏前の境目となる、四十九日の忌明け法要（満中陰法要）。故人追善の最大の法要が営まれることも。

急な不幸の知らせに、不祝儀袋を求めにお店に行ったところ、「御霊前」と「御仏前」の二種類の表書きのものがあって、迷ってしまった、という経験はありませんか？　鳩居堂の店頭でも、お客様から「葬儀にはどちらを使いますか？」と尋ねられることがときどきあるようです。

この二つの表書きを使い分ける際の目安となるのが、四十九日です。仏教では、亡くなった人の魂は、亡くなった日から七週間は中陰といって、あの世とこの世の間をさまよっていると言われます。

また、七日めごとに審判が行われ、生前の罪がさばかれる、と言われています。罪が重いと地獄に落ちてしまうため、遺族は亡くなった人が成仏できるように、その日に追善供養を行うのです。

さまよっていた霊が成仏するのが四十九日であり、忌明けとなる四十九日には法要が行われるのが一般的です。

一部の宗派を除き、お通夜や葬儀・告別式など、亡くなってから四十九日の前日までは「御霊前」を。四十九日の当日からは、その後の法事も含め、仏様の前に供える、という意味を表す「御仏前」を使います。

弔事の水引

昔から受け継がれてきたしきたり。関東で暮らす人が、地域地域で違うことを実感するのが、この黄白の弔事の水引。

黄色と白の水引の金封を見て、「これはいつ、使うものだろう？」と不思議に思ったことはありませんか。不祝儀袋に使われる水引は黒白、銀一色（双銀）が基本ですが、「黄白《きじろ》」の水引が結ばれた金封も不祝儀袋で、お通夜や葬儀、法要などに使います。

関東ではほとんど使われませんが、京都や大阪、そして東北地方の一部では、「黄白」の不祝儀袋が一般的に使われています。今は、赤白の水引を「紅白」と呼んでいますが、本来の「紅白」の水引は、皇室への献上品などに使われる特殊なもので、「紅」といっても濃い玉虫色をしています。濃い玉虫色は一見して黒と見分けがつきません。そのために、弔事には黒白の水引ではなく、黄白が使われるようになった、と言われています。

また、白一色の水引を結んだ不祝儀袋もありますが、これは神道の通夜、葬儀などに使います。

水引の由来には諸説ありますが、聖徳太子の時代、遣隋使として隋に渡った小野妹子が持ち帰った荷物に紅白のひもがかけられていて、それが水引のもととなり広がっていったという説もあります。

香典

故人をしのび、家族を慰めいたわる。そんな気持ちを、
和三盆の干菓子など小さな和菓子に託して。

今は「香典」というと、亡くなった方へのお供えとして贈るお金のことですが、もとは「香奠」と書き、霊前に香を供えることをいいました。「奠」という漢字には、供える、ささげる、という意味があります。

昔は、葬儀や遺族のために米や野菜を贈ったと言われています。死者が出ると、近親者は忌みの期間、普段とは別のかまどで煮炊きをして死者に供え、自分たちも食べました。近年になって多くの会葬者が参列し、葬儀が行われるようになると、経済的な援助の意味も含めて、食料ではなく現金を包むようになりました。最近は家族とごく親しい人のみの小規模な葬儀も増え、香典を辞退する、という葬儀も多いようです。

香典には、不幸の準備をしていた、ととられるから新札は入れない、とも言われますが、今は新札もすぐに手に入る時代であり、通夜や葬儀まで日があることも多いものです。差し上げるのならば、使い古しのお札よりもきれいなお札のほうがよい、という考え方もあります。また、表書きは薄墨で書く、というマナーの本もありますが、相手のことを思ってゆっくり墨をすって書くという考え方もあり、濃い墨色で書いて差し支えありません。（P196補足解説）

お線香

お線香に火を点じて供え、手を合わせ、ご先祖様に感
謝のお祈りを捧げる。やすらぎのひとときです。

お線香の香りに、なんともいえない懐かしさや、すがすがしさを感じるのは日本人だからでしょうか。仏事には欠かせないお線香。その香りと煙は仏様の召し上がりものと言われています。かつては朝夕に限らず、ご先祖様にお線香を供え、日々の生活の報告をするといったことも普通に行われていました。お線香はご先祖様と私たちをつなぐものでもあるのです。

線香の製法が日本に伝わったのは江戸時代の初期。中国から貿易港であった長崎に伝わったという説が有力のようですが、大阪の堺の説も。それまでは抹《まっ》香《こう》（粉末）が使われていましたが、抹香に比べて香りや煙が一定で、長い時間燃え続ける線香はたいへん重宝されました。線香は時計がわりとしての役割も持っていて、線香一本燃え尽きる長さが、お経を読む長さであったとも。

線香は糊の役目をする「椨《たぶ》の木」やさまざまな香の材料で作られています。香の材料には、沈香《じんこう》、白檀《びゃくだん》などの香木や、丁子《ちょうじ》など漢方にも使われるものなどがあります。天然の香の原料は、ほとんど日本では手に入れられないものばかり。同じ原料を使っていても、そのブレンドの仕方がそれぞれ違い、鳩居堂の線香は鳩居堂ならではの調合で作られています。（P197補足解説）

お布施

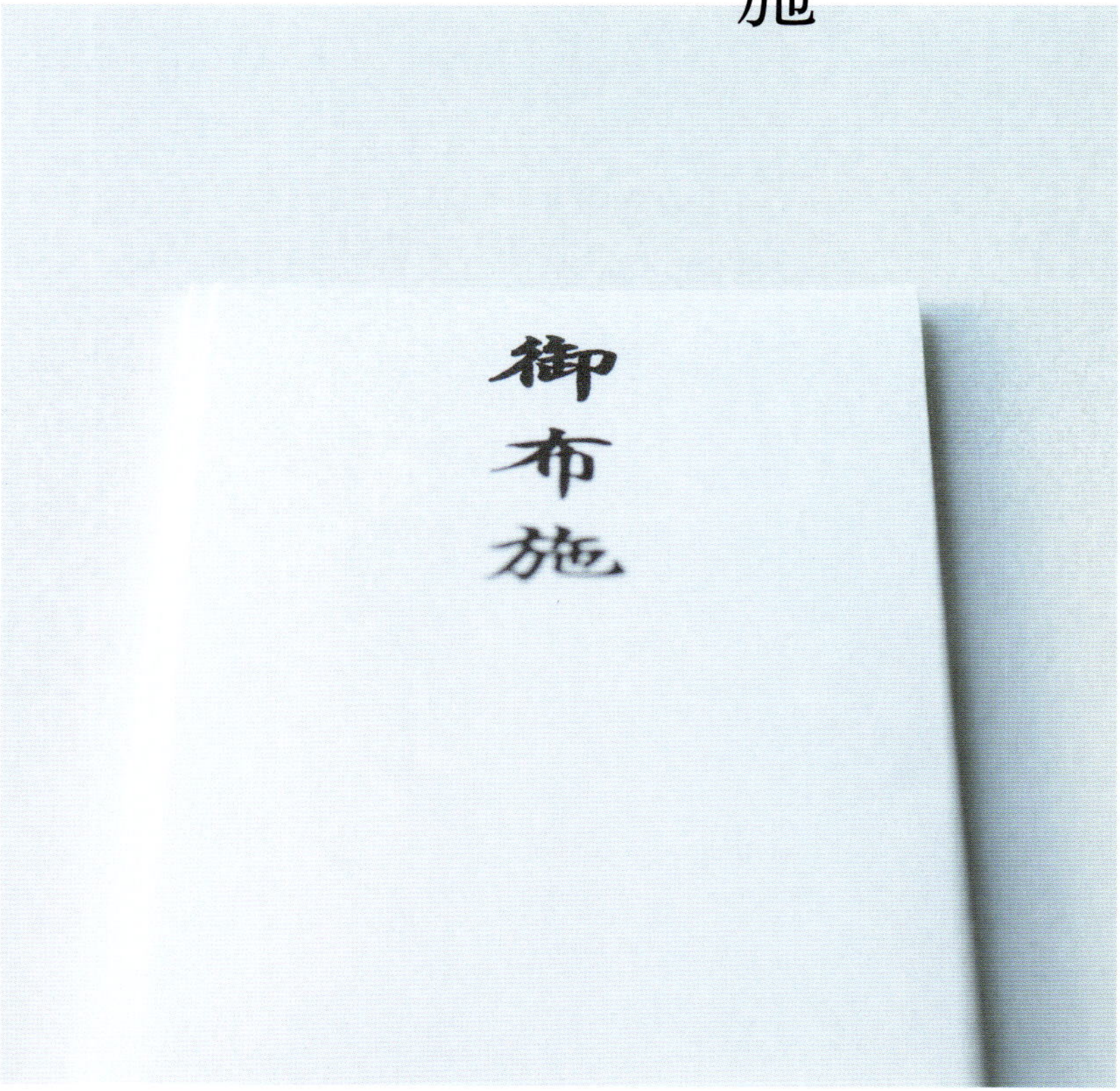

檀家制度といったお寺との関係も稀薄になっている現代、
お布施を渡すような機会も少なくなりました。

最近はお経料、戒名料などといった言い方もあるようですが、なにか味気ない感じがします。お葬式や法事でお世話になったとき、お寺にお礼を渡す際は、「御布施《ふせ》」という表書きが一般的です。

もともと「布施」には「法施《ほうせ》」「財施《ざいせ》」「無畏施《むいせ》」の三つがあるとされています。「法施」は仏法を人々に教え説くこと、「財施」は教えに感謝し金品などの財を施すこと、「無畏施」は恐怖心をとりのぞくこと。僧侶の読経も布施であり、そのお礼は料金ではなく、感謝をこめた「布施」なのです。

お布施を包むとき、黒白や双銀の水引がかかった金封か白封筒か迷う人も多いようですが、白無地の袋に入れるのが一般的なようです。地域によっては不祝儀袋を使うところもあるので、迷うときは葬儀社に相談しましょう。お布施を渡すときは、小さなお盆などにのせて渡します。直接の手渡しや畳や机の上にじかに置くのは失礼とされています。葬儀のお礼などにお寺に伺うときには、適当な大きさの菓子包みなどの上にのせて、渡すのもよいでしょう。葬儀でお世話になった方へのお礼も白封筒でよいのですが、こちらは黒白の水引が印刷された小さめの金封も使われています。

香典返し

封筒や便箋、はがきなど、香典を受けた返礼に、その人を思いながら選び、セットにして贈る、心づくしを。

香典のお返しが届くと、もう四十九日が過ぎたのかと、感慨深いものです。葬儀の際にいただいた香典へのお礼を香典返しといいますが、いつごろからのものなのでしょうか。

かつては葬儀の際には、香典帳に香典をいただいた人の名前と、何をいただいたのかを記録して大事に保管しておき、不幸があったときは同じように香典を贈る、ということが行われていました。その土地土地のつきあいが密であり、お互いに助け合って暮らしていた時代には自然な形だったのでしょう。それが時代とともに近隣での助け合いの形は薄れ、香典のお返しもいつできるかわからなくなり、「香典返し」という形に変わっていったのでしょう。

今は、仏式では四十九日の忌明けを目途に「香典返し」を。神道では五十日祭の忌明けのころに。キリスト教ではもともと香典の習慣はありませんでしたが、仏式や神式にならってお礼（会葬御礼）の品を贈るようになっています。また、香典返しの品は、以前は消耗品が一般的でしたが、最近は多様化しています。形が残らないもの、ということでは、便箋やはがきのセットなどを選んでは。会葬のお礼と忌明けを報告する挨拶状を添えて贈ります。（P197補足解説）

念珠

水晶やめのう、翡翠などの天然石のほか、菩提樹や黒檀、紫檀といった木のものなど、素材も豊富な念珠。

念珠《ねんじゅ》を手にすると落ち着く、というのも日本人ならでは。最近は念珠のブレスレットを日常的につけている人や、好きな石で自分ならではの念珠のブレスレットを作る人もよく見かけます。この念珠、「数珠」という呼び方のほうがなじみがあるかもしれません。

念珠は仏教の拝礼には欠かせないものです。もともとは、念仏を何回唱えたかを数えるなど、数を数えるためのものでもありました。念珠の珠は百八個が基本です。百八とは人間の持つ煩悩の数と言われ、その煩悩を消し、仏様の功徳が得られるようにとの祈りをこめて、この数になったと言われています。珠が百八の正式念珠のほかに、珠数の少ない略式念珠もあります。

宗派によって念珠の種類には違いがありますが、通夜や葬儀に参列するときは、自分の持っている念珠を持参してかまいません。合掌するときに両手にかけて用います。念珠を手に持つときは、左手で房が下になるようにして持ちます。長い念珠は二連にして、やはり房が下にくるようにして左手首にかけておきます。使わないときはポケットやバッグに入れ、じかに畳の上などに置かないようにしましょう。持ち歩くときは念珠入れが便利です。

弔辞

弔辞をしたためるような場面はなくとも、日本のしきたりに残る、哀悼する心、その表れを知っておきましょう。

弔辞が読まれる葬儀はそう多くはありませんが、心から故人を悼み、故人への思いがつづられた弔辞は、深く会葬者の胸を打ちます。遺族から依頼された場合は、故人との親しさや関係を考えてのことです。辞退せずに受けましょう。

弔辞には故人の人柄や業績をたたえ、思い出を語り、別れを惜しみ、また、遺族を慰め励ます言葉をつづります。仕事の関係などで故人の業績などを書く場合は、間違いがあってはいけないので、書く内容を箇条書きにして遺族に事実の確認をしておきましょう。

巻紙に筆を使って書き、奉書紙に包むのが正式ですが、弔辞や式辞を書くための用紙と包みのセットも市販されています。筆が苦手であれば白無地の便箋に万年筆を使ってもかまいません。弔辞は読み終わったあと、祭壇に供え、葬儀後は遺族が持ち帰りますので、ていねいに書きます。

弔辞の長さは八百字から千字くらい、時間にして五分くらいまでが目安です。読むときは故人に語りかけるように、ゆっくり読みます。途中、涙で言葉につまって、間があいてしまっても、それはそれで読む人の気持ちの表れです。落ち着いたら、読み続けましょう。

弔意

日本人ほど言葉に繊細な民族は珍しいのではないでしょうか。言葉には魂が宿っているとされ、言葉のひとつひとつを大事にしてきました。忌み言葉も日本人の繊細さを象徴するしきたりでしょう。

忌み言葉とは、不吉な意味をもっていたり、不吉なことを連想させるために、使うのを避ける言葉のことをいいます。また、使わずに言い換える言葉のことも忌み言葉といいます。

通夜や葬儀の席で遺族にお悔やみを述べるときのほか、弔辞やお悔やみ状など、弔意を表す際には気をつけたいものです。葬儀のときの忌み言葉には、「重ね重ね」や「ますます」「追って」といった不幸の繰り返しを連想させる言葉や、「死亡」や「死」といった死を直接的に表現する言葉があります。「死亡」は「逝去」や「永眠」などに言い換えます。

また、宗教上、使用を避けたい言葉もあります。「冥福」「成仏」「往生」「供養」「冥土」などは仏教用語です。キリスト教や神道の葬儀では使わないようにしましょう。ただ、最近は仏教とは関係なく「死後の幸福を願う」という意味で「ご冥福をお祈りします」という言葉が使われているようです。

第五章

人生の節目

帯祝い

愛らしい犬の立ち姿の張子細工。初宮参りのときの贈り
物にふさわしい子どもの魔除けでもありました。

妊娠五カ月目。安定期に入って、親となる喜びがさらに増してくるころです。その五カ月目の戌《いぬ》の日に、安産を願うのが「帯祝い」です。この日、妊婦は「岩田帯」と呼ばれる腹帯（白い布）を巻きます。岩田帯の由来には、いろいろな説があり、穢《けが》れを避ける「斎《いみ》」の「斎肌《いはだ》帯」や、結んだ帯を巻く「結肌《ゆいはだ》帯」に由来するなどと言われています。

戌の日に行うのは、犬が多産で安産であることにあやかってのこと。昔は妊婦の実家が紅白二筋の絹帯と白木綿一筋の帯を重ねて奉書紙で包み、蝶結びの紅白の水引をかけて贈りました。今は夫婦や、その親と一緒に神社で安産祈願をしたあと食事会などをすることが多いようです。安産祈願で有名な日本橋の水天宮には、「御子守帯《みすずおび》」という岩田帯も用意されています。神社に参拝する折の神官へのお礼は、紅白蝶結びの袋に「初穂料」とします。

身内のお祝いですが、親しい間柄であれば犬の張子人形などを贈るのも喜ばれるでしょう。平安時代、犬張子は産室の魔除けとして飾られていました。江戸時代には初宮参りのとき、挨拶回りを迎える家からの贈り物として使われたとか。婚礼の道具に犬張子を加える地方もあったそうです。（P198補足解説）

出産祝い

出産を終えたお母さんと、この世に生を受けた赤ちゃん、
その誕生を喜ぶ、昔から絶えることのない祝いごと。

少子化の時代、赤ちゃんが生まれたというニュースは、周りの気持ちを明るくしてくれます。最近は出産後すぐに、親しい友人などにも写真入りのメールが送られてくることも多いようです。とはいえ、出産祝いは赤ちゃんが生まれてすぐに病院に持っていくのではなく、出産後一週間くらいから一カ月までの間に贈りましょう。出産直後は、まだお母さんと赤ちゃんの状態も落ち着きません。病院へ行くのは身内だけが原則です。

出産祝いはベビー服やおもちゃ、絵本、アルバムなどが、変わらず人気です。赤ちゃんの写真を飾るフォトスタンドも喜ばれる贈り物です。最近はたくさん写真を撮るものの、データとして保存しておくばかり、ということも多いようですが、それでも赤ちゃんの場合は特別です。成長の記録として写真整理のできる、名前と生年月日入りのアルバムなども喜ばれるでしょう。

贈り物は真っ白な奉書紙で包み、紅白の水引をかけて。新しく生まれてきた命への特別な贈り物、という思いが伝わります。

現金を贈る場合は紅白の蝶結びに表書きは「御祝」とします。お祝いに、赤ちゃんの健やかな成長を願って、「犬張子」の人形を添えるのも。

お七夜

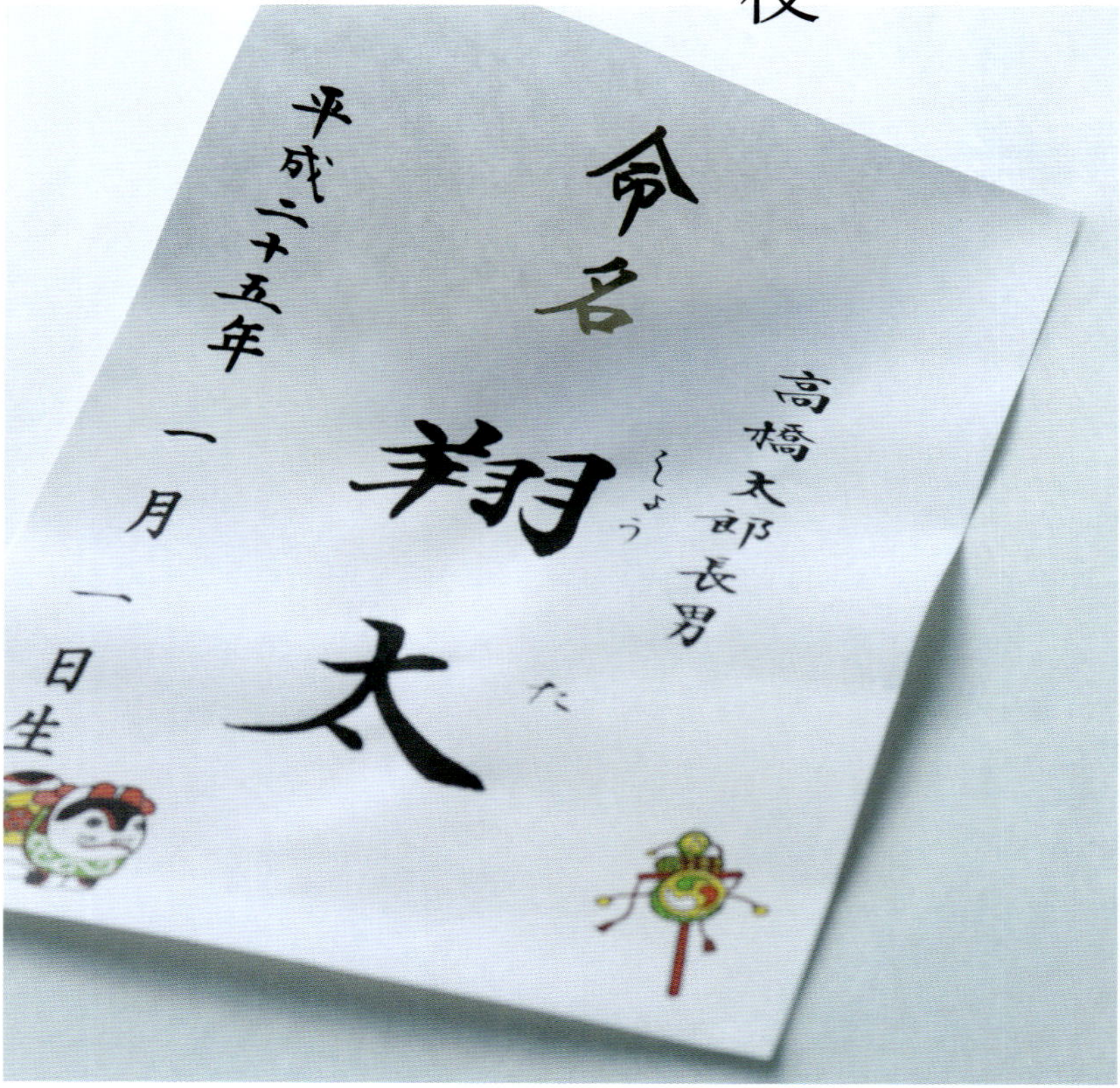

神棚や柱に貼られた命名書は、まさに幸せの象徴、すくすくと元気に育つよう、心から願う、お七夜の集い。

赤ちゃんの名前を考える。悩みながらも楽しく、誕生が待ち遠しい幸せな時間です。そして生まれて七日目。赤ちゃんの健やかな成長を願い、名前をつけるお祝いが「お七夜《しちや》」です。赤ちゃんにとって、初めてのお祝いの行事です。かつては、親戚の人や地域の長老に名づけ親になってもらうのがしきたりで、名づけ親が命名書を作りました。命名書は、赤ちゃんの名前、生年月日、親の名前などを奉書紙に書いて神棚や床の間の柱に貼ります。

また、お七夜には親族や知人を招き、お祝い膳を用意してもてなしました。お七夜には赤ちゃんの名前を披露する意味もあったのです。

今の時代は、赤ちゃんの両親や祖父母などが名づけるのが一般的でしょう。お七夜も祖父母など、身内だけで行うのが普通になりつつあります。命名書も「命名」の文字が印刷された略式のものが売られています。鳩居堂にも鶴や亀、犬張子の縁起のよい挿絵の入ったオリジナルの命名用紙があります。

命名書はきれいな字で残したいとの思いももっともですが、何よりも赤ちゃんを思う心が大事。字を書くのは苦手と思っても、両親や祖父母など、身内が書くのが一番です。

初宮参り

神社で赤ちゃんを抱いた初宮参りの光景を目にすると、
それだけで、大吉をひいたようなおめでたい気分です。

赤ちゃんを初めて産土神様《うぶすながみ》に連れてお参りするのを「初宮参り」「宮参り」といい、無事生まれてきたことの感謝と、健やかな成長を願います。かつては、お産は穢れとされていたので、忌み明けの意味もありました。

両親にとっても祖父母にとっても、赤ちゃんを連れての初めての外出は緊張も伴いますが、無事に生まれてきてくれたことへの感謝と喜びを心から感じる行事ではないでしょうか。お宮参りの儀式は鎌倉時代から始まりました。男児は生後三十一日め、女児は三十三日めとするのが一般的ですが、地方によって五十日め、百日めなどというところもあります。

初宮参りは赤ちゃんが、その地域社会の一員として認められる儀式。本来は土地の守り神である産土神様にお参りしますが、今は有名神社へのお参りも多く行われています。昔は赤ちゃんの晴れ着は母親の実家が贈り、当日は父方の祖母が赤ちゃんを抱く、とされていましたが、今はこだわらずに。神社へのお礼は紅白蝶結びの金封に包み、表書きは「初穂料《はつほりょう》」として赤ちゃんの姓名を書きます。初宮参りの祈祷料を定めている神社の場合は、金封に包まずに社務所でその金額を直接渡しても失礼ではないでしょう。（P198補足解説）

お食い初め

お食い初めの膳、器のセットも売られていますが、家にある手持ちの器で、それらしく並べてみても楽しいもの。

今の時代からは想像がしにくいことですが、かつては生まれた赤ちゃんが無事に育っていくのは、たいへん難しいことでした。そのために、親も地域の人人も、子どもの健やかな成長を願って、いくつもの儀式や風習を生活に取り入れ、ひとつひとつていねいに行ってきました。

生後百日めに行われる「お食い初《ぞ》め」もそのひとつです。「百日《ももか》」とも言われるお食い初めでは、一生食べることに苦労しないようにと、赤ちゃんのためにお膳を用意します。お膳には赤飯、尾頭付きの焼き魚、煮物、香の物、吸い物などを並べるのが一般的ですが、地方によっては小石を添えるところも多くあります。小石を添えるのは歯が丈夫になるように、というおまじないの意味で、お食い初めを「歯固め」と呼ぶところもあります。

祝い膳の食器は、かつて、家紋入りの漆膳器を母方の実家が贈るとされていました。また、儀式としては、祖父母や一族の中の長老が赤ちゃんを膝にのせ、箸を取って食べさせる真似をします。

最近は、両親が赤ちゃんのための普段使いの食器を用意して、お祝いをする家庭も多いようです。

初誕生

一度もはさみを入れていない赤ちゃんの髪の毛（産毛）で
作る筆、「胎毛《たいもう》筆」（誕生筆）を初誕生の記念に作る人も。

日本人にとって、毎年の生まれた日を誕生日として祝い始めたのは、そんなに古いことではありません。数え年で年齢を数えていた時代は、特別に祝うのは満一歳の誕生日くらいのものでした。数え年の考え方では、生まれたときが一歳、それ以降は元日ごとに、みな一緒に歳を重ねていったのです。

満一歳の誕生日は「初誕生」と呼ばれ、無事に育ってきたことを感謝し、祝い餅をつき、お赤飯を炊いて親戚や近所に配り、子どもの成長を祝いました。

一升のもち米でついた「一升餅」(力餅ともいう)を風呂敷で包んで、赤ちゃんに背負わせて歩かせようとしたり、餅を赤ちゃんに踏ませるしきたりもあります。これには、赤ちゃんが「一生食べ物に困らないように」という意味がこめられています。また、かつては、将来の職業を占うということで、男児にはお米、そろばん、筆を、女児には物差しや針箱を並べて、赤ちゃんにつかませる、といったならわしもあったとか。

今は、両親が中心になって祖父母を招待し、バースデーケーキを用意してお祝いする、という形が一般的かもしれません。初誕生の記念に色紙を用意して、赤ちゃんの足形や手形をとるのも、いい記念になります。

初節句

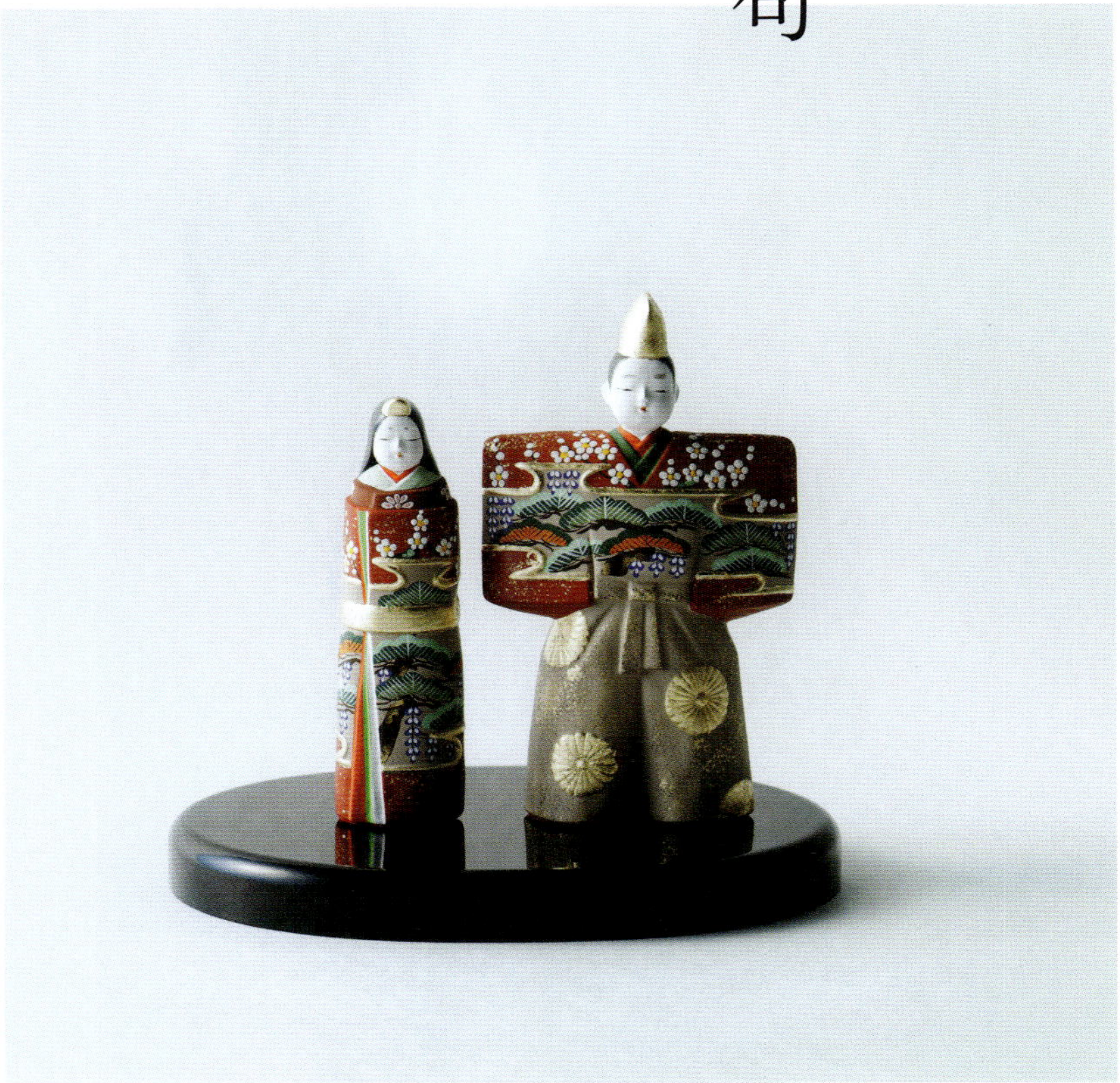

何かにつけ初めてのことを祝うのは、日本ばかりのしきたりではないかもしれませんが、この初節句はまた特別。

赤ちゃんが生まれて初めて迎える節句、女児なら三月三日の桃の節句、男児なら五月五日の端午の節句を初節句として盛大に祝います。

かつては、雛人形や五月人形、鯉のぼりなどの飾り物は母方の実家が用意するならわしがありましたが、今はこだわらなくなっています。少子化の最近では、両方の祖父母がかわいい孫のために用意したい、と思うことも多いようです。贈る側であれば、子ども夫婦の意見も聞いたうえで何を贈るかを考えるほうがよさそうです。

赤ちゃんの両親が中心になって、祖父母の思いも尊重しながら飾り物をそろえて初節句を祝うほうが無理がないかもしれません。住宅事情を考えると、豪華なお雛様や五月人形は飾るのも収納するのもたいへんです。コンパクトで質のいいものをそろえるのが現代的という考え方もあります。

桃の節句には桃の花を飾り、ちらし寿司、はまぐりのお吸い物、白酒、菱餅などを、端午の節句には菖蒲を飾り、ちまき、柏餅を用意します。

地方によっては、第一子だけ初節句を特別に祝うところもあるようですが、すべての子どもの初節句を同じように祝いたいものです。

七五三

七五三に記念の写真を撮るのは、今も昔も変わりません。
とはいえ、着物姿もだんだんに少なくなりました。

子どもの着物姿は、なんともいえずかわいらしいものです。七五三も子どもの健やかな成長を願う行事。三歳、五歳、七歳、これまで無事に育ってきたことを感謝し、いっそうの成長を願って氏神様に詣でます。

男の子は三歳、五歳、女の子は三歳、七歳で祝うのが一般的ですが、地方によって年齢や祝い方に違いがあります。古くは、三歳は髪置き、五歳は袴着、七歳は帯解きの祝いと呼ばれました。髪置きは赤ちゃんがそれまでそっていた髪を伸ばし始める儀式、袴着は男の子が初めて袴をはく儀式。帯解きは、それまでひもつきの着物を着ていた女の子が帯を締める儀式です。日本では「七歳までは神の内」といい、子どもの成長は神様まかせでした。七五三は無事に成長し七歳になって初めて地域の仲間入りをする、通過儀礼でもあったのです。

各地で行われていたお祝いの儀礼が、七五三と呼ばれて定着したのは江戸時代。特に江戸で盛んに行われました。今のように七五三のお祝いが十一月十五日になったのは五代将軍綱吉の長男、徳松のお祝いをこの日に行ったことから、と言われています。縁起物の千歳飴も江戸時代、元禄のころに浅草で売り出されたのが始めと言われています。（P198補足解説）

入園・入学

小学校の入学祝いといったら……。これは熟練の職人が
手作りする、東京・西新井、土屋鞄製造所のランドセル。

親や祖父母にとっては、子どもの入園・入学は待ちに待った嬉しい日。最近は入園・入学当日の洋服、ランドセル、学習机など、祖父母が準備することも多いようです。少子化にともなって、親戚などからお祝いが届くことも少なくありません。お祝いをいただくと、まず、気になるのがお返しです。もともと、子どものお祝いにはお返しは必要ないとされています。入園・入学は身内のお祝いでもあり、親族であれば「お互いさま」という考え方から、また、いただいた子ども自身にも経済力がないため、お返しは不要と考えられてきました。ただ、最近は相手との関係で、お返しをしなければならない場合も増えているようです。お返しが必要な場合は、いただいてから一週間から十日をめどに「内祝」として子どもの名前で贈ります。いただいてすぐに、お返しを贈るのは失礼という考え方もあるようですが、早めにお返しをするのが無難でしょう。

お返しをする、しないにかかわらず、もちろん、お礼状は必ず送りましょう。字が書ける年齢なら本人にもお礼状を書かせて、親からのお礼状に添えて。字が書けない場合は電話でもいいので、本人から「ありがとうございます」の言葉を伝えるようにしましょう。

十三参り

七五三などで着た小さなころの着物を、大人仕立ての長襦袢に仕立て直す、というような着物ならではの楽しみも。

七五三ほど一般的ではありませんが、男女ともに数えで十三歳になったときのお祝いが十三参りです。「知恵もうで」「知恵もらい」とも言われ、三月十三日に虚空蔵菩薩《こくうぞうぼさつ》にお参りして厄災を祓い、知恵と福徳を授けてもらいます。現在は新暦の四月十三日を十三参りの日として、その前後一カ月くらいにお参りに行くことが多いようです。

もともと十三参りは女の子の行事でした。数えの十三歳は初めて生まれた年の干支を迎える年齢であり、女性の最初の厄年ともされていました。女の子はこのとき、初めて本裁ちの着物（大人仕立ての着物）を作り、肩上げをしてお参りします。

関東ではあまり馴染みのない十三参りですが、京都や大阪などでは、広く行われています。特に有名なのは京都嵐山にある法輪寺の十三参りで、参詣の帰り道、石段の参道を降り、渡月橋を渡り終わるまで振り返ってはいけない、と言われています。振り返ると、せっかくいただいた知恵を失ってしまうという言い伝えがあるからです。桜の季節、晴れ着を着てお参りに行く様子は、美しい日本の風景のひとつともいえそうです。（P198補足解説）

成人式

大人の生活の必需品としたい贈り物。鳩居堂では、縦書きの手紙におすすめの日本製万年筆の品ぞろえが豊富。

いつの時代にも成人式を迎えるというのは、やはり特別なこと。二十歳まで無事に育ったことに感謝し、大人の仲間入りを心から祝ってあげたいものです。「成人の日」は、最初、一九四八年に国民の祝日として一月十五日に制定されました。「おとなになったことを自覚し、みずから生き抜こうとする青年を祝いはげます」ことを趣旨として設けられた成人の日は、二〇〇〇年からは、法改正によって一月の第二月曜日に変わりました。

　成人を祝う儀式は古くから行われていますが、地域や時代によって年齢や儀式の形はさまざまです。元服、烏帽子《えぼし》の祝い、初元結《はつもとゆい》、褌祝《ふんどしいわい》など、成人となったことを祝う儀式であり、多くは男子は十五歳、女子は十三歳で一人前の大人として扱われました。もともとは「成年式」「成女式」ともいいました。

　成人式にお祝いを贈るのは、祖父母やおじ・おばなど近しい人が多いことでしょう。以前は万年筆を贈ることも多くありました。大人として正式な手紙を書くのにふさわしい筆記具として、今も喜ばれるのではないでしょうか。

　両親や祖父母から、実印や銀行印など、手彫りの印鑑を贈るのも。象牙や白水牛を使った上質の印鑑は一生ものです。

卒業・就職

柘植《つげ》、黒水牛や白水牛、象牙など、さまざまな印材がありますが、長く使うもの、贈る相手を思い、選択を。

成人式以上に子どもの新しい人生の旅立ちを意識させられるのが、卒業、就職の機会でしょう。本人にとっても、社会への第一歩、身が引き締まる思いでしょう。

就職のお祝いを贈る側としては、祖父母、おじ、おばなど、身内がほとんどではないでしょうか。お祝いは、お金を贈ることが多いようですが、社会人としての第一歩に役立つものも実用的であり、記念になります。仕事で必要になる筆記具として、ブランドもののちょっと高級なボールペンや、正式な手紙を書くための万年筆なども社会人を意識させる贈り物です。筆記具に、お礼状など、あらたまった手紙を書くときのための便箋と封筒のセットを添えたり、冠婚葬祭のマナーブックや手紙の書き方の本を添えて贈るのも気が利いています。

成人式のお祝いと同じく、銀行印や実印などの印鑑、本が好きな人であれば蔵書印も思いがけないプレゼントとして喜ばれるのではないでしょうか。お金を贈る場合は、紅白蝶結びの金封に「御祝」として贈ります。

就職祝いは基本的にはお返しの必要はありませんが、すぐにお礼状を送りましょう。最初のお給料で何かプレゼントを贈るのも感謝を伝えるよい方法です。

厄年

厄除けにはヘビ革や帯、ベルトなどの長いものや、うろこ
模様のものを身につけるといい、という言い伝えが。

普段、信心深くない人でも、気になってしまうのが厄年です。お祓いに行こうかどうか、迷う人も多いのではないでしょうか。行かなければ行かないで気になって落ち着かず、行けばなんとなく安心する。そんな心情は日本人に共通のものでしょう。

厄年とは災難や病気がふりかかるとされた年齢の意味です。古くは男女の区別なく、生まれ年が廻ってくる十三、二十五、三十七、四十九、六十一歳が厄年とされていました。今は、地域によって年齢や男女の区別も異なりますが、男性が二十五歳、四十二歳、六十一歳、女性が十九歳、三十三歳、三十七歳が一般的です。いずれも数え年で、厄年を本厄、その前年を前厄、翌年を後厄として、三年間、身を慎まなければならない、とも言われています。

特に男性四十二歳、女性三十三歳が大厄《たいやく》とされ、この年齢には厄払いのために神社でお祓いを受けたり、お寺で護摩を焚いてもらったりする人も多くいます。また、日本各地で、厄払いのさまざまな行事が行われています。厄除けの祈祷のお礼を包む場合は、紅白蝶結びの水引に、表書きはお寺なら「上《じょう》」、神社なら「玉串料《たまぐしりょう》」として、名前を書きます。（P199補足解説）

開店・開業

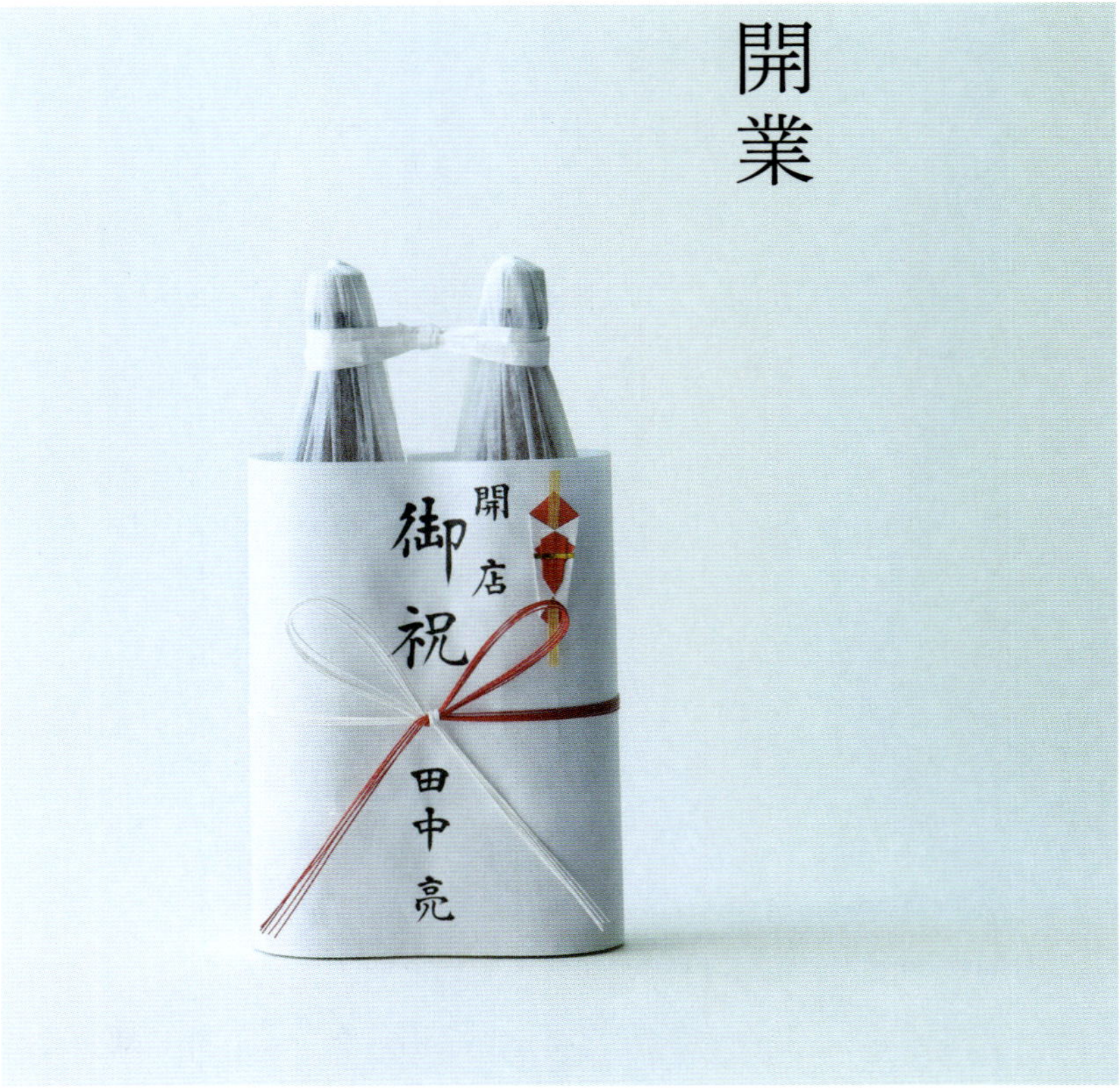

奉書紙に包まれ、紅白蝶結びの水引がかかった日本酒の
お祝い。このいでたちに贈り手の心がにじみ出ています。

開店・開業にお祝いを贈る、というのは、一生にそう何度もあることではありませんが、それ故、実際に遭遇すると戸惑いがちです。現金を贈ってもいいものか迷うこともありますが、現金も失礼にはなりません。現金を贈る場合は、紅白蝶結びの水引に、「御祝」「開店 御祝」などとして贈りましょう。

物を贈る場合は、以前は招き猫や大入看板、名入りの時計、鏡などが多く用いられていましたが、インテリアや相手の好みもあるので先方に相談するのもひとつの方法です。贈り物として火事を連想させるものはタブーです。今は灰皿やライターを贈ることは少ないでしょうが、キャンドルや真っ赤なものなどは避けます。花を贈る場合も、置くスペースがあるかどうか確認しましょう。

お祝い品としては、日本酒もよく使われています。お祝い用の「角樽《つのだる》」や「樽酒」のほか、一升瓶も。奉書紙と水引をかけて贈ると豪華です。

開店・開業パーティーに招待されている場合は、お祝いを持参してもかまいませんが、大きな物の場合は開店の数日前には届くように送りましょう。花などは、「祝御開店」などのカードや立札をつけてもらい、開店前日か当日に届くように手配します。

定年退職

自分ではなかなか手が出ない高級品、たとえば硯と筆、
墨のセットなど。数人でまとまればこんな上質なものも。

かつて五十五歳であった定年退職も、時代とともに六十歳に、そして六十五歳へと年齢が引き上げられてきました。と同時に、早期退職や転職なども増え、定年まで勤めあげるという働き方が一般的ではなくなりつつあります。

定年まで勤めて退職する場合は、感慨もひとしおでしょう。送る側は、「お疲れ様でした」の気持ちをこめて、祝い送ってあげたいものです。

記念品を贈る場合、現金を贈るのは失礼ということで、旅行券や商品券などを贈ることも多いようですが、本人の希望を聞いて欲しいものを贈るのもよいのではないでしょうか。

退職したら書を始めたい、という人もいます。そういう人には筆、硯、墨のセットを。鳩居堂のオリジナルの便箋に、本人の名前を入れたものなども。便箋の罫線と名前を同じ色で入れることもできます。

定年後はゆっくりとした時間を過ごしたいという人には、お香と香炉のセットもしゃれた贈り物に。平安時代から変わらない鳩居堂の雅なお香の香りは、豊かで満ち足りた時間を与えてくれます。

贈り物には紅白の蝶結びの水引をかけ、「御祝」として贈ります。

叙勲受章

木箱の蓋を開けて、恭しく中から取り出し……。相手の
喜ぶ顔を思い描きながら、品物を選ぶのも贅沢な時間。

勲章をいただく。本人はもとより、家族にとっても大きな名誉であり、心が躍る喜びでしょう。春と秋の二回、国が贈る勲章や褒章を受けることを叙勲受章といいます。叙勲は国や公共のために功労のあった人が対象で、菊花《きっか》章、旭《きょく》日《じつ》章、宝冠《ほうかん》章、瑞宝《ずいほう》章などがあります。褒章はさまざまな社会的分野において、事績の優れた人が対象とされます。春と秋の叙勲は全国で約四千名、褒章は約八百名の人が受章。ほかにも、警察官や消防、自衛官など、危険性の高い業務の人を対象にした叙勲もあり、春秋ごとに約三千六百名が受章しているので、叙勲受章は案外、身近なものかもしれません。

受章の知らせを聞いたら、まずは電話や電報でお祝いを伝えましょう。お祝いの贈り物は、お金やお酒も多いようですが、長く使える筆や香炉、記念になる置物など形の残るものも。受章後一週間以内をめどに贈ります。

鳩居堂では受章した人から、受章記念パーティーなどで配る記念品の相談も多く、筆と墨のセット、便箋と封筒のセット、万年毛筆、和小物や懐紙入れなども選ばれています。品物には紅白蝶結びの水引をかけて、表書きは「記念品」の右上にやや小さめに「○○章受章」の文字を入れます。

還暦

還暦といえば赤。赤が苦手そうな人でも、アイテムによっては喜ばれるものが。手袋や小さな風呂敷など新鮮です。

現代の六十歳は若々しく、お年寄り、のイメージはありませんが、人生五十年の時代は、還暦まで無事に過ごせることは、たいへんおめでたいことでした。生まれた年の干支が六十年で再び廻ってくるのが還暦であり、数え年の六十一歳、満六十歳で祝います。「本卦還《ほんけがえ》り」ともいいます。

赤い頭巾とちゃんちゃんこを贈るならわしがあるのも、暦が一廻りして生まれ変わる、つまり赤ちゃんに還ることに由来します。還暦は、よみがえりの歳としても重要視されていたのです。また、還暦を厄年とする地域もあるので魔除けの赤が使われました。

還暦のお祝いに抵抗のある人もいるようですが、定年退職の年齢でもあり、六十歳から新しい仕事や趣味などを始める人も少なくありません。第二の人生のスタートとしてお祝いをするのもいいのではないでしょうか。ただ、本人が嫌がる場合はこの限りではありませんが、人生で一度きりのお祝いごと、何もしないのも寂しいのでは。お祝いを贈るなら、いつものお誕生日よりも少しよいものを選びます。魔除けの赤を意識して、女性なら赤いスカーフやアクセサリー、財布など、男性なら赤がアクセントになっているネクタイなども。

長寿の祝い

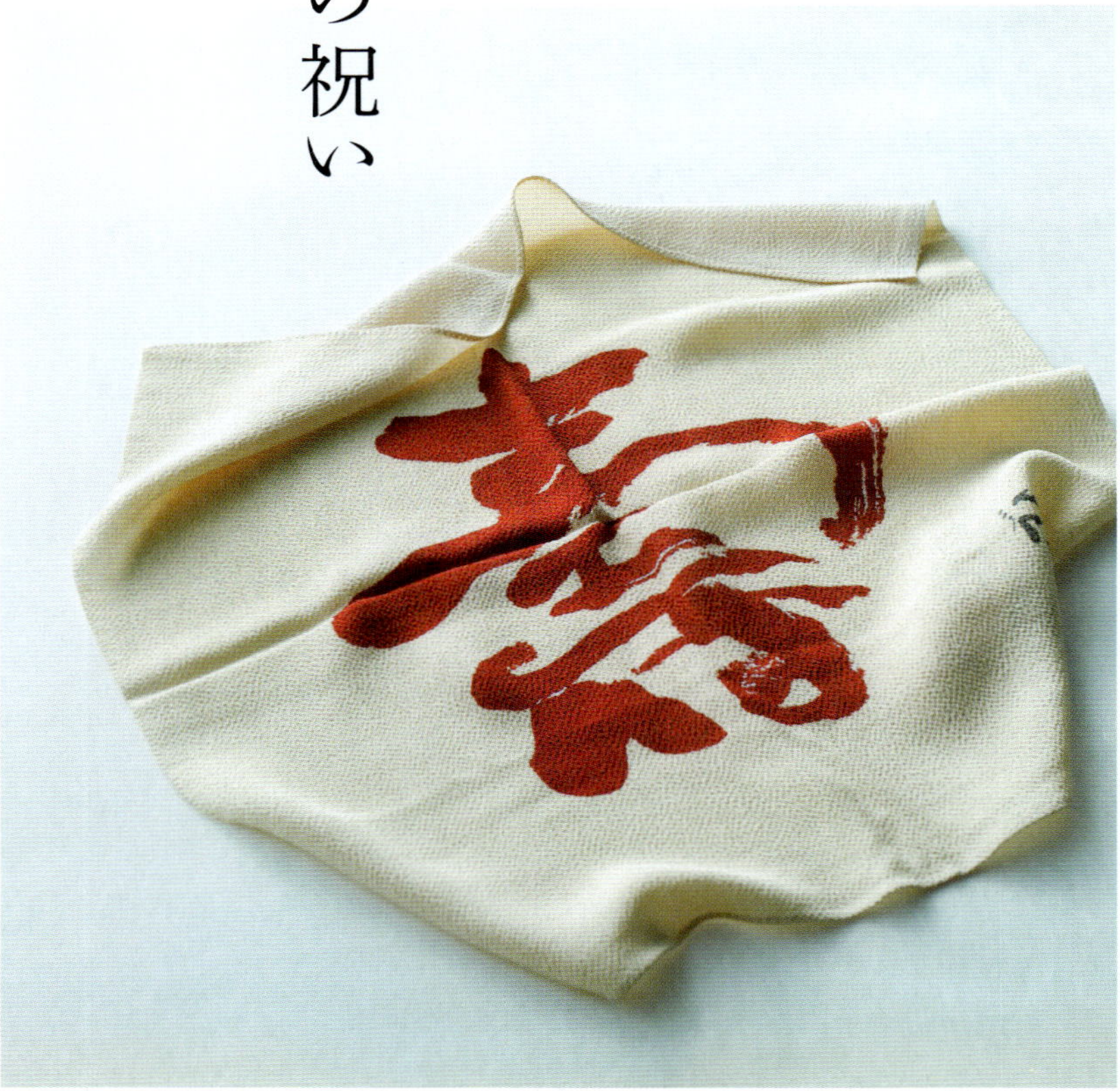

長寿のお祝いは本人だけでなく、周りの人たちも幸せな
気持ちになります。寿の風呂敷に何を包みましょう。

人生五十年と言われた時代は、それほど遠い昔ではありません。昭和二十年代後半、日本人の平均寿命は六十歳前後でした。今は、女性が約八十六歳、男性が約八十歳。百歳以上のお年寄りも五万人以上います。元気で若々しい七十代も珍しくありません。長寿のお祝いも何歳から祝ったらいいのか、迷ってしまいますが、本人にとっても家族にとっても、おめでたいことです。本人が嫌がっていないのであれば、人生の節目として、あたたかくお祝いしましょう。

長寿のお祝いは「賀寿」といい、還暦の次が七十歳の古希《こき》、その後は、七十七歳の喜寿《きじゅ》、八十歳の傘寿《さんじゅ》、八十八歳の米寿《べいじゅ》、九十歳の卒寿《そつじゅ》、九十九歳の白寿《はくじゅ》、百歳の百寿《ひゃくじゅ》（百賀《ひゃくが》）と続きます。百歳以上は毎年祝います。昔は数えでお祝いしましたが、今は満年齢で祝うことも多くなっています。

古希、喜寿には紫、傘寿には金茶色、卒寿、白寿には白いものを贈るとも言われていますが、こだわらずに本人の趣味のものや身につけるものなどを。金銀または紅白の蝶結びの水引に表書きは「寿」や「御祝」として贈ります。

子や孫、ひ孫など、家族が集まって、食事会を開いたり、旅行に出かけるなども、喜ばれるお祝いの形です。（P199補足解説）

新築祝い

家を建てるというのは、一生に何度もあることではありません。完成の喜びはいかばかりでしょう。ただ、新築のお祝いは、基本的にお披露目に招かれている場合に贈るものとされています。親戚や普段から行き来をしているような親しい間柄でなければ、気を回さずに、招かれたら贈ると考えておいていいでしょう。

お祝いに品物を贈る場合は、相手にどのようなものがよいか、確かめてもかまいません。食器や花瓶、観葉植物、時計などが多く使われています。和室をしつらえたのであれば、掛け軸や香炉などの飾り物も。季節に合った絵柄の色紙を入れた和額もおしゃれです。「火事」を連想させるものはタブーとされています。キャンドルや暖房器具、赤い色のもの、赤い色ばかりの花束など。もちろん、ライターや灰皿は避けます。

紅白蝶結びの水引に、表書きは「御祝」「御新築御祝」とします。マンションを購入した場合のお祝いは「御新居御祝」に。お披露目の前日までに届くように送ります。他の招待客の手前もあるので、当日持参するのは避けましょう。直接、現金をお祝いとして渡す場合は、さりげなく。

第六章

贈答の心

水引を結ぶ

これは古道具屋さんにあった、昔のものと思われる水引の束。お祝いごとの包みに活躍していたことでしょう。

慶弔の贈り物、さまざまな贈答に繰り返し出てくる「水引《みずひき》」ですが、そもそもなぜ水引を結ぶのでしょうか。水引は和紙をこより（細く切ってねじってひも状にしたもの）にして水糊で固め、用途に応じて染め上げたものです。日本には、古くから贈り物を布や和紙で包み、ひもでしっかりと結びとめる文化がありました。もともとは麻ひもだったものが、室町時代後期になって和紙で作られるようになったと言われています。

水引には包みを結ぶ役割とともに、一度ほどいてしまうと開けたことがわかるので、封緘の意味もあります。また水引を結ぶことにより、「あなただけへの贈り物です」という、贈る側の気持ちもこめられています。

結び方には「結び切り」と「蝶結び」（花結び）の二種類があります。「結び切り」はいわゆる固結びで、一度結んだらほどけない結び方。結婚や葬儀など、「二度あってほしくない」ことに使います。「蝶結び」は何度も結び直せる結び方で、何度あってもよい一般的なお祝いごとに使われます。水引は五本一組、二色を組み合わせて使います。慶事には紅白、金銀など、弔事には黒白、双銀、黄白など。結ぶときは向かって右側が濃い色になります。（P200補足解説）

贈り物を包む

お祝いのあらたまった晴れやかな包みは、見るだけで目の栄養。手に取ると心からの喜びが伝わってきます。

受け取った相手に負担をかけたくない、という配慮からでしょうか。贈答品でものし紙をかけないという人も増えているようです。なるべくシンプルに控えめにという思いからかもしれませんが、やはり、贈答品には水引やかけ紙をかけたほうが礼儀にかなっているのではないでしょうか。

物に気持ちを託して届けるのが贈り物です。古くから、日本には贈答品は白い紙で包み、水引で結んで贈る習慣がありました。こうすることで、贈り物を清浄なものとして届けます、という贈り手の思いのこもった奥深いしきたりです。きちんと包むのは華美ではなく、相手をそれだけ思っています、という心遣いであり礼儀なのです。

包む紙は、かつては贈る相手との関係や物によって、檀紙、奉書紙、美濃紙、半紙など、紙の種類も変えて贈ったものでした。現在は、奉書紙が主に使われています。

一般的な贈答品は、奉書紙一枚で包みますが、結婚祝いなどの品は奉書紙を二枚重ねて包みます。結婚祝いの場合は、二枚の奉書紙をお腹合わせ（裏合わせ）にしてかけ、金銀の水引十本で結び切りにします。（P200補足解説）

慶弔の包み

紙の重ねにも心を配って。左の包みのように開いている
部分が下にくるのが弔事の包み方。

贈答品の包みを開くとき、お祝いなど慶事の品物と、お供えや香典返しの品など弔事の品物とで、包み方が違うのに気づいたことはありますか？

金封を包むとき、慶事と弔事でふくさの包み方が違うように、品物の包み方も慶弔では逆になっているのです。たとえば奉書紙をかけるときの合わせは、慶事では右側が上に、弔事では左側が上になります。

また、鳩居堂の包装紙も慶事と弔事では包み方を変えています。たとえば、箱を包装紙で斜め包み（包装紙を斜めに置き、箱を手前に置いて包んでいく方法）にする場合は、包み終えたときに、慶事の場合は上に包み紙の重なる部分（開いている部分）がきますが、弔事の場合は下にきます。

お金を包むときも、本来は慶弔では包み方が逆ですが、現在、市販されている金封は同じ折り方になっていて、包み終えたときの裏側の重ねだけを逆にするようになっています。

もともとは生きている人と区別するために死者には左前に着物を着せるという風習が、さまざまなことに及び、包み方にもこのような作法が及んだのでしょう。日本人らしい繊細な心遣いともいえるでしょう。

のしの内、外

内のし、外のしなど、ちょっとしたことにも、相手への配慮や、贈り物を大切に考える日本ならではの心が。

贈答品を購入したときに、「内《うち》のしにしますか？　外《そと》のしにしますか？」と聞かれ、どちらがよいのか戸惑った経験がある人も多いのではないでしょうか。

「内のし（中のし）」とは、品物に直接、かけ紙をかけ、それから包装紙で包むことをいいます。それに対して「外のし」は、品物を包装紙で包んでから、かけ紙をかけます。どちらが正式か、という点では諸説あるようですが、包装紙は品物を保護するために包むものです。かつて贈り物は、水引をかけて風呂敷に包んで持参するのが一般的でした。包装紙は風呂敷にかわるものといえるでしょう。また、外のしでは、大切な贈り物を意味するかけ紙やのし、水引が汚れてしまう恐れがあります。それを考えると、品物に直接かけ紙をかける「内のし」のほうが基本といえるでしょう。

実際、内のしのほうが一般的に使われていますが、外のしには贈り物の目的や贈り手がひと目でわかる、という利点があります。

外のしは、贈り物がたくさん届き、先方がすぐには開けられないような状況のときや、お年賀、記念品、引っ越しのあいさつの品などに、よく使われています。持参して手渡しするようなときにも外のしにすることがあります。

お見舞い

病気をしたり災難にあった友人、知人、親戚に、少しでも力を添えられたら、そんな思いがこめられたお見舞い。

親しい人の病気やけがの知らせに、容態を心配するとともに、お見舞いをどうしたらよいかと考え込むことも多いものです。

入院の知らせを受けたら、まず家族にお見舞いの言葉を伝えるとともに、容態を確認しましょう。お見舞いは病状が安定してからが基本です。また、本人がお見舞いを望まない場合もあるので、それも確認してからにしましょう。

お見舞いの品は、以前は花や果物、お菓子などが一般的でしたが、花を飾れない場合もあれば、食べ物に制限があることもあります。家族に問い合わせてからにしましょう。現金を贈る場合は、タブーとされている「四」「九」の数字を避けた金額にします。また、目上の人には現金は避けたほうが無難です。

お見舞い金の包みは、基本は「紅白の結び切りの水引を結んだ、のしのない袋」ですが、病気のときに「紅白の水引でいいのかどうか」と疑問を持つ人も多いようです。本来は問題ありませんが、病状によって紅白の水引は気になる、というのであれば、赤い筋が印刷されたお見舞い用の袋もあります。赤が気になるのであれば、花模様の入ったものもあります。災害見舞いや火事見舞いの場合は、白無地の包みに「御見舞」と表書きします。

ポチ袋

懐紙同様、バッグの中に常備しておくと重宝なのがポチ袋です。お金をじかに渡すより袋に入れて渡すほうが好印象。

ちょっとした金額のお礼や、立て替えてもらったお金を返すとき、旅先での心づけなどに、あると便利なのがポチ袋です。何よりも、じかにお金を渡すのは無粋と考えて、ポチ袋に入れ、さりげなく渡すことのゆかしさ。日本人ならでの心遣いではないでしょうか。

「ポチ袋」の名前の由来には諸説ありますが、「ほんの少し」を意味する「ぽっちり」や、「これっぽっち」から生まれたという説が有力です。「わずかですが気持ちばかり」という意味を持つポチ袋は、「心づけ」の意味合いも強いため、目上の方へのお礼など、あらたまった場面には不向きですが、使い道はたくさんあります。

最近はデザインも大きさも豊富になりました。四季の花がデザインされた上品なポチ袋、昔ながらの文様が小粋なポチ袋、「ありがとう」や「心ばかり」の文字の入ったもの、硬貨を入れる小さな小さなポチ袋など、見ているだけで楽しくなります。お札を二つに折って入れる大きさのもの、三つに折って入れる大きさのもの、硬貨用などと大きさ別に、また、季節に合わせた絵柄など、いくつかそろえておくと重宝します。（P200補足解説）

お中元、お歳暮

日ごろお世話になっていても、感謝の気持ちを伝える機会は意外に少ないものです。年に二回、お中元とお歳暮は、そのよい機会ではないでしょうか。

中国の道教では、正月十五日を「上元《じょうげん》」、七月十五日を「中元《ちゅうげん》」、十月十五日を「下元《かげん》」とし、三つを合わせて「三元《さんげん》」といい、一年の区切りとしていました。現在の日本では中元のみが残っています。かつてこの時期に半年間の無事を祝うとともに、祖先の魂を祀るために一族が親元に集まりました。その際、それぞれが持ち寄った捧げものが、時代をへてお世話になっている人への感謝の贈り物へと変わっていきました。お歳暮も、もともとは暮れに新しい神様を迎えるための食料を親元に届けたのが起こりで、それがお世話になった人への一年間の感謝をこめた贈り物へと変わっていったものです。

お中元を贈る時期は七月上旬から十五日（関西では七月下旬から八月十五日）まで。お歳暮を贈る時期は十二月初めから二十五日ごろまで。デパートなどから送る場合は送り状を添えるか、品物が着く前に届くように送り状を郵送しましょう。送り状は封書のほか、はがきやカードなどでもかまいません。

表書き

贈り物をするとき、気を遣うのが表書き（上書き）です。目上の人に差し上げる場合などは失礼があってはいけないと、どう書くか迷う人が多いようです。基本的には伝統的な表書きの言葉の中から、贈る気持ちに合ったものを選ぶのがよいでしょう。お祝いごとであれば、表書きで悩んだときは「御祝」とすれば間違いありません。特にお祝いを手渡しする場合は、「ご成人おめでとうございます」「ご出産おめでとうございます」など言葉でも伝えるのですから、表書きは「御祝」だけのほうがスマートともいえます。字数が多いと見た目のバランスもよくありません。

一般的なお礼の場合も「御礼」を使うのがよいでしょう。少額のお礼などに使われる表書きに「寸志」があります。「寸志」とは「心ばかりの贈り物」のことであり謙譲の意味も入っているので、本来は目上の人に使ってもよかったはずですが、最近は目上の人に贈る場合は避けることが多いようです。

「松の葉」も「寸志」と同じ「松の葉に包むようにわずか」の意味で、お金だけでなく品物の表書きなどに使います。松の葉がのしがわりに描かれているポチ袋などもあります。

はなむけ

「はなむけ」、漢字一文字では「贐」「餞」と書きます。

結婚式の祝辞などで「これをもちましてはなむけの言葉にしたいと思います」といった結びに使われることのある言葉です。「はなむけ」は、これから旅立つ人や、新しい門出を迎えた人に送る励ましやお祝いの意味で使われていますが、以前は、旅立つ人へのお餞別《せんべつ》の意味に使われることが多かったようです。

もともとは「馬の鼻向け」という言葉であり、遠方に旅立つ人の道中の無事を祈って、馬の鼻先を行く方向に向けて見送った風習が、その由来です。平安時代の初めごろから使われていました。今でも、旅立ちへの贈り物を「御贐《おはなむけ》」とすることも。新婚旅行に出かける花嫁に、親戚などがお餞別を贈る場合に、「御贐」という表書きで贈ることがあるようです。

国内でも遠く離れたところに旅立つ人や、海外旅行に出かける人にお餞別を贈っていた時代は、それほど遠い昔ではありませんが、今や旅にお餞別を贈ることは少なくなりました。ただ、職場によっては、転勤する人に「御餞別」を贈るしきたりのところもあるようです。

第七章

手紙、たより

手紙、はがき

味わいのある和紙の無地のはがきは、出番の多い定番品。色数も豊富なので、内容や相手に合わせて選んでも。

毎日、どれだけの数のメールを送ったり、送られたりしているでしょうか。携帯電話、パソコンと、メール全盛の時代になり、手紙やはがきを日常的に書くことが少なくなりました。だからこそ、手書きの手紙やはがきは受け取る側も特別な気持ちがして嬉しいものです。急を要しない用件や相手への思いをていねいに伝えたいときには、ぜひ、手紙やはがきを使いましょう。親しい間柄であれば形式など気にせずに。基本的にはがきは略式です。人の目に触れてもいい内容のときに使うと考えてもいいでしょう。

お礼やお詫び、お見舞い、お悔やみ、何かを依頼するときなど、あらたまった内容は封書にしましょう。この場合は形式にも気を配ります。頭語や季節の挨拶などの前文から始め、手紙の中心になる用件（主文）、結びの挨拶（末文）、結語でしめくくります。難しく感じますが、前文は「こんにちは、お元気ですか」の挨拶、末文は「では、お元気で。さようなら」、人と会って会話するときと同じ流れです。最後に日付と自分の名前を記し、相手の名前を書きます（お見舞いやお悔みの手紙は、前文を書かずに本題から書きます）。白無地の便箋、封筒に筆や万年筆を使って縦書きにします。（P201補足解説）

便箋と封筒

便箋と封筒も、手紙の内容や相手との関係などによって
選び分けを。紙質や作りで手紙の格も違ってきます。

手紙を書くようになると、いろいろな種類の便箋や封筒をそろえたくなってきます。和紙製の落ち着いたもの、季節を感じさせる絵柄の入ったもの、罫線の色や太さのいろいろ。縦書き、横書き。はたまた、送る相手のイメージに合わせてなど、凝りだすときりがなさそうですが、それだけ多くの種類があります。

便箋と封筒は、目的や相手との関係などによって使い分けるのが基本です。封筒は便箋とおそろいのものがよいでしょう。よく、弔事には一重封筒を使う、と言われますが、これは弔事の際の忌み言葉、「重ねる」から言われ始めたこと。奉書紙のような、上質で厚手の紙を使った封筒は一重が正式で、もちろん慶事に使っても問題ありません。

あらたまった内容の手紙を書くときは、白無地（罫線はあってもなくても）の便箋と封筒を使います。目上の人への手紙も白無地が基本ですが、親しくしている相手なら、絵柄入りのものを使っても。筆記具は普通の手紙やはがきにはボールペンやサインペンなどでもかまいませんが、あらたまった手紙には筆もしくは万年筆をぜひ使ってください。最近は数百円で買える万年筆風のペンもあるので、一本持っていると重宝します。（P202補足解説）

礼状の作法

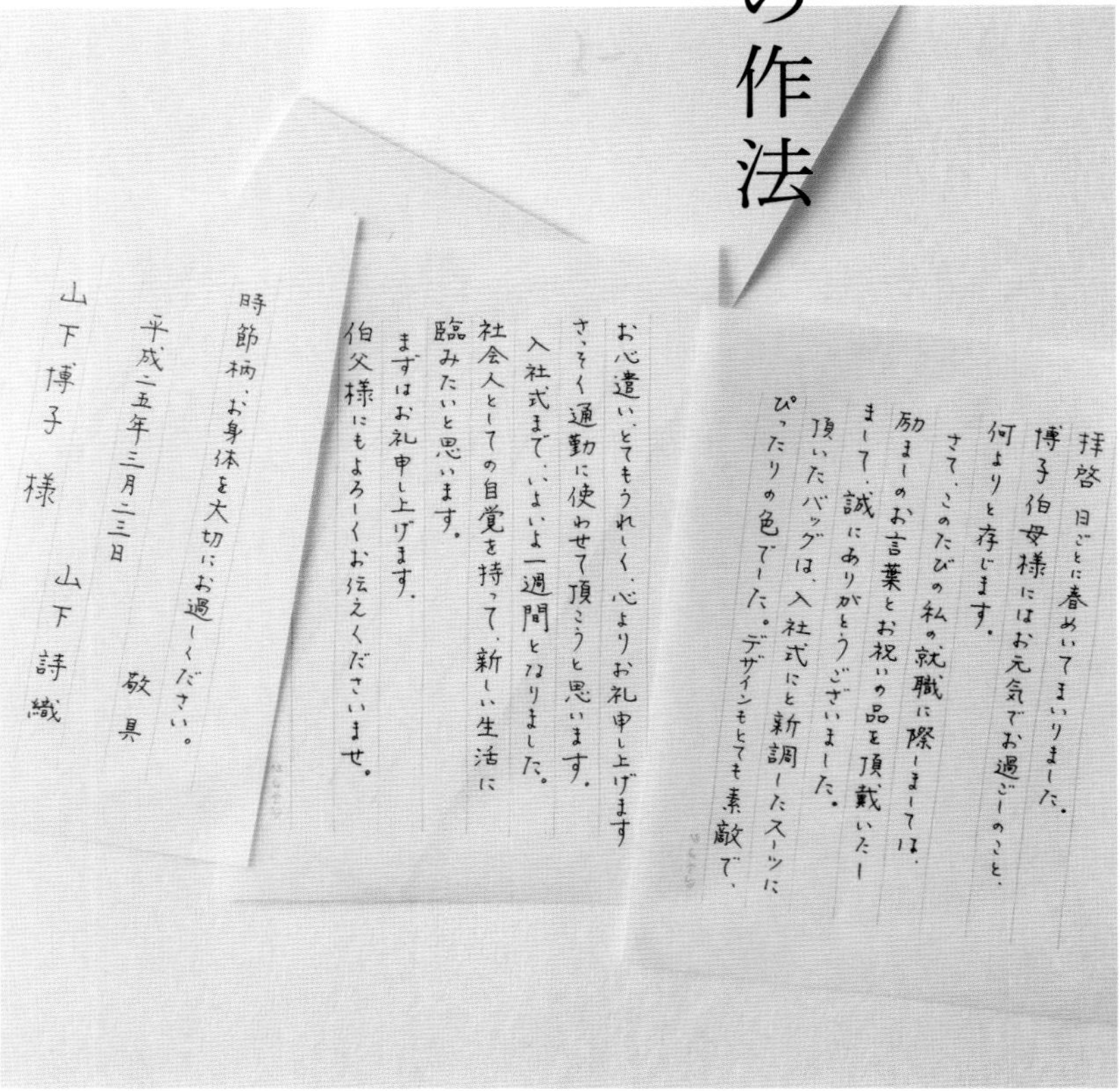
拝啓　日ごとに春めいてまいりました。
博子伯母様にはお元気でお過ごしのこと、
何よりと存じます。
さて、このたびの私の就職に際しましては、
励ましのお言葉とお祝いの品を頂戴いたし
まして、誠にありがとうございました。
頂いたバッグは、入社式にと新調したスーツに
ぴったりの色でした。デザインもとても素敵で、
お心遣い、とてもうれしく、心よりお礼申し上げます
さっそく通勤に使わせて頂こうと思います。
入社式まで、いよいよ一週間となりました。
社会人としての自覚を持って、新しい生活に
臨みたいと思います。
まずはお礼申し上げます。
伯父様にもよろしくお伝えくださいませ。
時節柄、お身体を大切にお過ごしください。
敬具
平成二五年三月二三日
山下詩織
山下博子様

あまり形式張らず、素直な気持ちで、心からの感謝を自分の言葉で。お礼状の作法はその心持ちに尽きます。

お礼はできるだけ早く、という原則からいうと、メールが最も迅速ですが、メールのお礼は何か味気ないと思う人もいれば、失礼と感じる人も。やはりお礼の気持ちを伝えるのには手紙が適しています。字に自信がなくても、心のこもった内容であれば気持ちは伝わります。何かをいただいた、お世話になった、ご馳走になったなどのときはお礼状を。できるだけ早めに投函しましょう。

お礼状は手紙の基本的な形式にのっとって書きます。一度書いて形式を知ると、次からはぐっと楽になります。ただし、手紙の書き方の本の例文のような型どおりの言葉を並べるだけではなく、嬉しかったり、ありがたかったり、心に響いたことを、自分の言葉で書くことが何よりも大切です。

便箋、封筒は白無地のものが正式ですが、白地に赤い罫線の入った便箋などは、文字の色とのコントラストが見た目も美しく、おすすめです。筆記用具は黒やブルーブラックのインクの万年筆でぜひ。書き終えたら、誤字脱字がないか読み直しましょう。巻紙に筆ペンを使って書くお礼状というのも、趣があって、よいものです。友人へのお礼状やお中元・お歳暮など、季節の挨拶の贈答のお礼は、はがきを使っても差し支えないでしょう。（Ｐ２０２補足解説）

手紙を楽しむ

味のあるひらがな一文字の篆刻《てんこく》。名前の一文字、朱に染めて。はがきやカード、封書の名前に朱が映えます。

手紙を書くことが身近になると、手紙にはいろいろな楽しみがあることに気づきます。便箋、封筒はもとより、切手や封緘紙《ふうかんし》、住所印、文香《ふみこう》などなど。切手も、記念切手や季節ごとに発売されるグリーティング切手、ふるさと切手など楽しい絵柄のもの、おしゃれな絵柄のものがたくさんあります。手紙の内容や季節、送る相手に合わせて、切手を選ぶのも楽しく、受け取る側も細やかな気遣いを嬉しく思うことでしょう。

封筒を閉じたあとに貼る封緘紙も、「封」「緘」といった漢字一文字をデザインしたシールや季節の花、風物をデザインしたシールなど、遊び心のあるものがそろっています。ただし、シールはあらたまった手紙には使わないようにしましょう。自分が、送る相手より目上の場合でも、親しい人に限りましょう。

住所と名前を彫った印も、持っていると手紙にはがきに役立ちます。年賀状や暑中・寒中見舞いなど数多く書くときに便利。手で押す印は、味わい深く、用途によってスタンプ台の色を変えて使うこともできます。手紙に香りを添える文香は香を和紙で包んだもの。封を開けるとほのかに香ります。王朝時代、手紙に香を炷《た》きしめたのがその原点と言われています。(P204補足解説)

年賀状

年賀状を準備する師走ともなると、あれこれ賀状のデザインが気になります。新年を寿ぐ気持ち、賀状に託して。

年齢を問わず、元日に郵便受けをのぞきに行くのがお正月の楽しみ、という人は多いのではないでしょうか。新しい年を迎える喜びと祝う気持ちを交わし合う年賀状は、日本人にとっては特別なものです。

年賀状の歴史は古く、平安後期の手紙の文例集には、すでに年始の挨拶を含む文例が見られます。今のようなはがきのスタイルになったのは、明治以降、郵便制度が整い、はがきが誕生してからです。明治二十年ごろにははがきによる年賀状は定着していました。お正月のしきたりであった年始回りにかわるものとして、うってつけだったのでしょう。

パソコンやプリンターの普及により、最近ははがきの表も裏も印刷の年賀状が多くなりましたが、一言でも手書きのメッセージを添えたいもの。受け取る側の嬉しさが違います。

年賀状に使う新年を祝う言葉「賀詞《がし》」には、さまざまなものがありますが、目上の人に送る場合には、相手を敬う意味のある「謹」や「恭」などの漢字が入った「謹賀新年」「恭賀新年」「謹んで新年のごあいさつを申し上げます」などを使うのがよいでしょう。

暑中見舞い

暑中見舞いのはがきに限らず、はがきや手紙を出すときに重宝な、自分らしい住所印を作ってみるのも楽しい。

真夏の最も暑い時期に届く暑中見舞い。一枚のはがきに書かれた短いたよりにも相手の思いやりが感じられ、気持ちもなごみます。

暑中見舞いは、かつてお盆の前に食べ物などの贈り物を持って、挨拶に伺った名残りで、訪問するかわりに猛暑のときに挨拶状を出すようになったものです。暑中見舞いを出す期間は、二十四節気の小暑（七月七日ごろ）から立秋前日の八月七日までとする説と、土用の時期（立秋の前十八日間）とする説があります。現代では、梅雨明け後、七月中旬ごろから八月七日までを目安にするとよいでしょう。立秋を過ぎたら、残暑見舞いになります。

ちなみに、現在では「土用」というと夏の土用をいいますが、本来「土用」は年に四回あり、立春、立夏、立秋、立冬の前十八日間をさします。

暑中見舞いは季節の挨拶状なので、決まった形式はありません。相手の健康を気遣う言葉に、こちらの近況などを添えます。

暑中見舞いの絵はがきは、真夏の花、ひまわりや、花火、真夏の風景などの絵柄が人気ですが、少し前までは萩やすすきなど、季節を先取りした秋草模様なども多く使われていました。はがきで涼しさを予感させる趣向です。

寒中見舞い

自分で描いた絵でたよりを出すのも素敵です。鳩居堂には、ちょっと贅沢なこんな水彩絵の具のセットも。

最近、季節の挨拶状として見直されてきているのが寒中見舞いです。寒中見舞いは、寒の入りと言われる小寒（一月五日ごろ）から、立春（二月四日ごろ）前日の節分までに出します。寒さも厳しく、風邪も流行る季節であり、雪国では雪におおわれる時期です。ポストに届いたはがきは、ぬくもりを感じさせてくれることでしょう。

寒中見舞いは季節のたよりとして以外にも、喪中で年賀状を出さなかった場合や、年末年始に留守にしていて年賀状を出す機会を逃してしまった際の、近況報告を兼ねた挨拶状としても使えます。なかなか会うことができず、一年に一度、年賀状のやりとりをするだけのおつきあいでも、年賀状がこない年があると寂しいものですし、何かあったのでは、と気にかかることもあります。

また、喪中の知人や友人には、寂しい年末年始を送ったであろうことへのお見舞い状としても。思いがけず届いた寒中見舞いに、心慰められることもあるでしょう。ただし、先方が喪中であったり、自分が喪中であったりした場合は、松の内を過ぎてから送るようにしましょう。

寒中見舞いも季節の挨拶状なので、書き方に決まった形式はありません。

年賀欠礼状

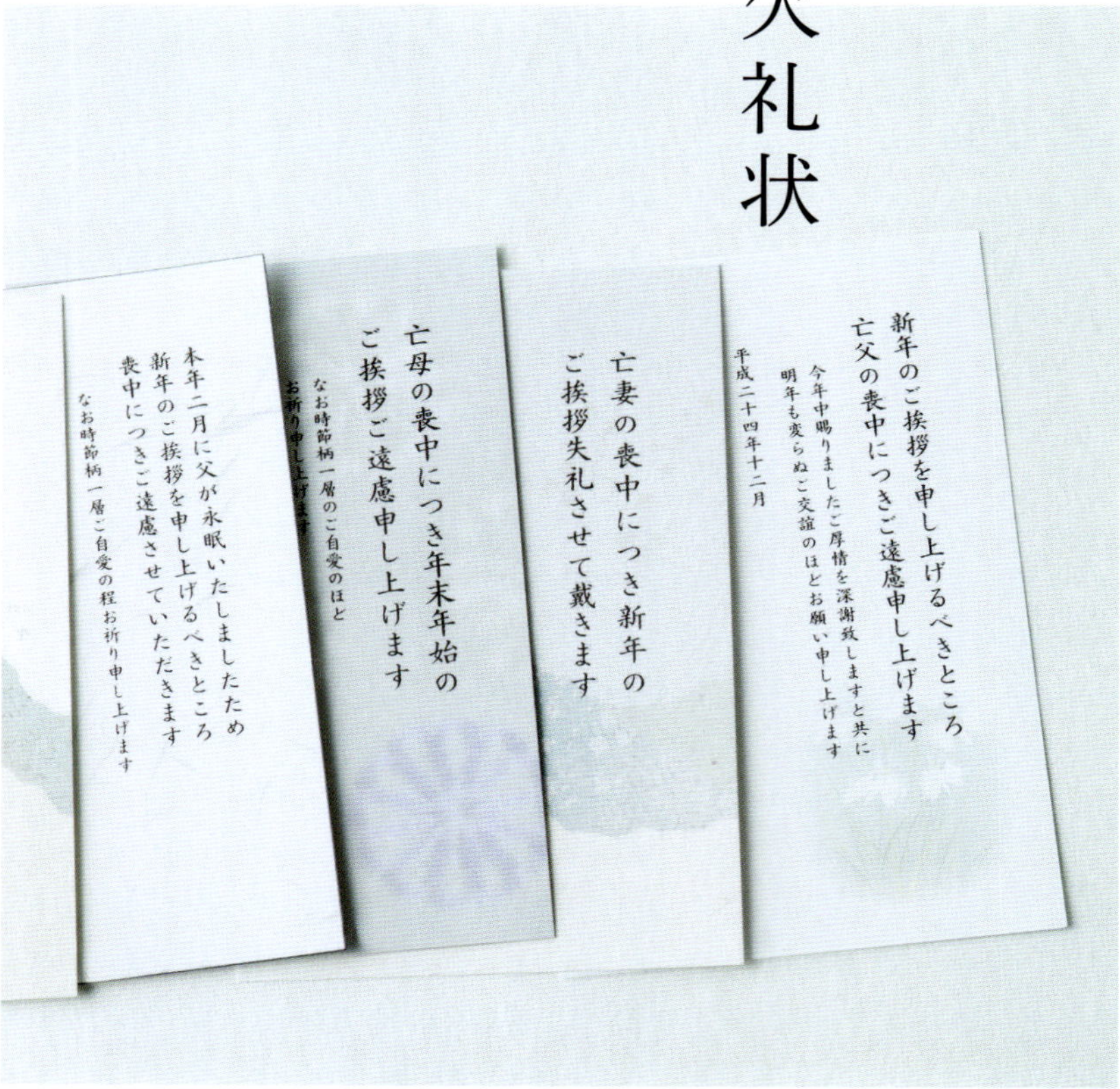
新年のご挨拶を申し上げるべきところ
亡父の喪中につきご遠慮申し上げます
今年中賜りましたご厚情を深謝致しますと共に
明年も変らぬご交誼のほどお願い申し上げます
平成二十四年十二月
亡妻の喪中につき新年の
ご挨拶失礼させて戴きます
亡母の喪中につき年末年始の
ご挨拶ご遠慮申し上げます
なお時節柄一層のご自愛のほど
お祈り申し上げます
本年二月に父が永眠いたしましたため
新年のご挨拶を申し上げるべきところ
喪中につきご遠慮させていただきます
なお時節柄一層ご自愛の程お祈り申し上げます

年賀欠礼状は、先方に不幸があったことを知らせるはがき。各種文面や喪中らしいデザインが用意されています。

十一月の末ごろになると、目にし始めるのが「年賀欠礼状」(喪中はがき)です。「身内に不幸があり、喪中のため新年のご挨拶は失礼いたします」という内容の挨拶状です。最近は亡くなったことを広く知らせずに、家族やごく親しい人のみで葬儀を行うことも増え、年賀欠礼状を受け取って、初めて先方に不幸があったことを知る場合も多くなりました。何枚もの欠礼状を受け取ると、この一年、悲しい思いをした人の多さに心が動かされます。

年賀欠礼状を受け取ったら、こちらからも年賀状を送ることは控えます。また、特にお世話になった人が亡くなった場合や、親しい人に不幸があったことがわかった場合は、お悔やみの手紙やお香典、お供えとしてお線香を贈ることもあります。お供えは、四十九日より前であれば「御霊前」、それ以降であれば「御仏前」として贈ります。

最近、お線香を贈る際に「喪中お見舞い」という表書きにする人も多くなってきました。しかし伝統的なしきたりからいえば、表書きは「御霊前」か「御仏前」にしたほうがよいでしょう。遺族へのお見舞いの言葉は、添える手紙にしたためましょう。(P205補足解説)

鳩居堂の日本のしきたり 豆知識

知っていると さらに役立つ解説集

日本のしきたり、習わし、伝統……。

長い歴史の中で、暮らしの中で、伝承され、磨かれ、培われてきた、今につながる暮らしの理《ことわり》ともいえるでしょうか。

知れば知るほど奥が深いことを実感します。

それらを知ったうえで、気持ちよく自分らしさが表せるスタイルを見つけ、日々、心豊かに楽しく過ごせるよう、引き出しを増やしていきたいものです。

ここでは、中面本文での解説にさらに補足する内容を紹介しています。

干支（P10）

十干十二支の十干というのは「甲（コウ）乙（オツ）丙（ヘイ）丁（テイ）戊（ボ）己（キ）庚（コウ）辛（シン）壬（ジン）癸（キ）」。十二支は、ご存じのとおり「子丑寅卯辰巳午未申酉戌亥」です。十干は陰陽五行説に基づいて、「甲乙＝木」「丙丁＝火」「戊己＝土」「庚辛＝金」「壬癸＝水」に当てはめられ、それぞれ「キノエ・キノト」「ヒノエ・ヒノト」「ツチノエ・ツチノト」「カノエ・カノト」「ミズノエ・ミズノト」とも読みます。

ちなみに、二〇一三年は巳年ですが、干支では癸巳（ミズノトミ・キシ）の年になります。現在では十干はほとんど使われなくなりましたが、十二支は生活の中に残っています。今でも、自分が何年《なにどし》の生まれかを知らない日本人は、珍しいのではないでしょうか。未年生まれだからおっとりしている、亥年生まれだから猪突猛進など、干支で性格を表したりもします。

お正月飾り（P12）

お正月飾りも鏡餅も、大掃除を済ませてから十二月二十八日までに飾ります。それを過ぎてしまったら、三十日に飾りましょう。二十九日に門松を立てるのは「苦立て」、三十一日は「一夜飾り」と言われ、昔から避けられてきました。

お正月飾りは一月七日に取り外します。七日に門松を取り外すので、七日までを「松の内」といいます。地方によっては十五日まで飾り、十五日までを松の内とするところもあります。

鏡餅は十一日の鏡開きの日におろして、割って雑煮やお汁粉などにしていただきます。年神様が宿っていた鏡餅をいただくことで、その生命力をもいただくのです。また、包丁などの刃物を使うのは縁起が悪いので、手や木槌を使って割ります。「開く」という言葉も「切る」を言い換えた言葉です。

鏡開きは、もともとは一月二十日の二十日正月（お正月の祝い納めの日）に行われていましたが、江戸時代に、徳川家光が二十日に亡くなったことから、忌日として避けられるようになり、十一日になったと言われています。

初詣で（P18）

初詣でのにぎわいは、今も昔も変わりませんが、最近、とみに人気なのが、七福神めぐり。初詣でで回る人も多いようです。商売繁盛や五穀豊穣をもたらす恵比寿様をはじめ、大黒天、毘沙門天、弁財天、福禄寿、寿老人、布袋様。七柱の神様それぞれの社を順に回り、お参りし、御朱印を受けます。

七福神をめぐる小さな旅。東京・谷中、深川など全国各地に存在する七福神、一度訪ねてみては？

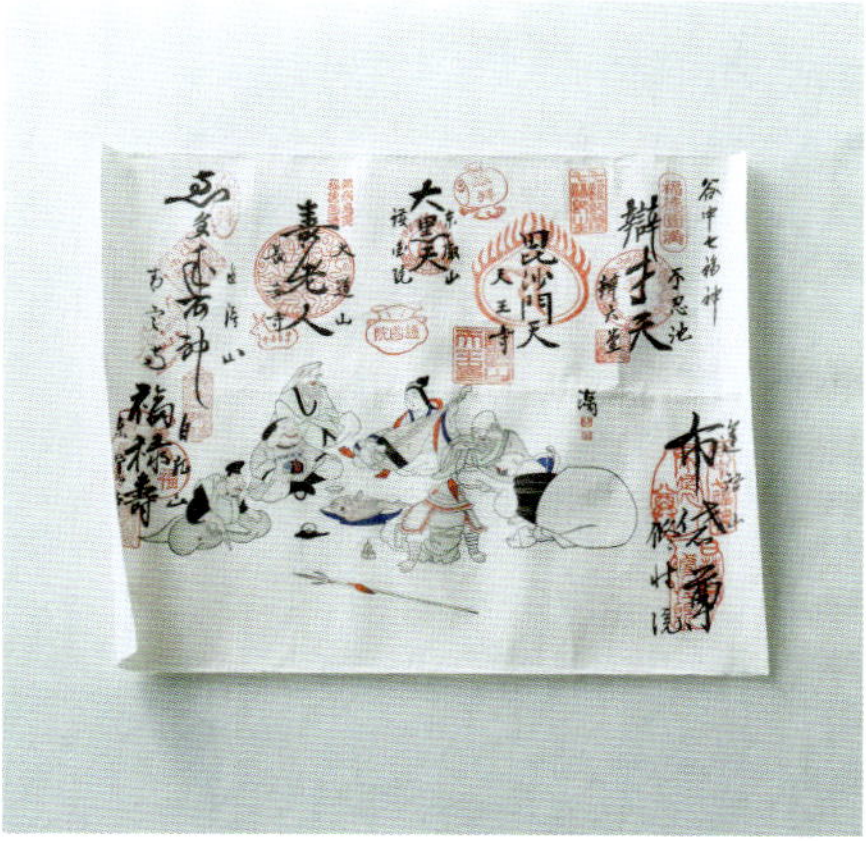

谷中七福神めぐりの御朱印。神社の由来など初めて知る楽しみも。

年始回り（P20）

暮れにお歳暮を贈っている場合は、おみやげは持っていかなくてもよいとされますが、今は気持ち程度のお菓子などを持っていったほうがよいでしょう。表書きは紅白蝶結びの水引に「御年賀」とします。

先方に子どもがいる場合は、お年玉の用意も忘れずに。

芸事や芸能の世界では、年始回りは今も行われています。歌舞伎界では、東京では若手役者は元日に、先輩役者の家を回るのが慣習となっているそうです（関西では、元日から舞台があるので、年始回りの習慣はないそうです）。年賀の品にと、鳩居堂で卓上カレンダーを注文された役者さんもいます。

桃の節句（P26）

雛人形も豪華さを競い、五段や七段飾りのものもありますが、今は住宅事情もあり、三段飾りやお内裏様だけの飾りなどが人気のようです。また、女性にとって雛祭りは、いくつになっても心浮き立つ行事。鳩居堂では小さな雛人形を自分のため、また風物詩として楽しむために買っていく人が少なくありません。

三月三日を過ぎたら、雛人形はなるべく早くしまうようにしましょう。よいお天気の日に、人形は一つずつ和紙などでくるみ、人形の素材に合わせた防虫剤を添えて収納します。

思わずお雛様の歌がこぼれ出てくる立ち雛の愛らしさ。

お彼岸（P28）

「彼岸」という言葉は、サンスクリット語の「波羅《はら》蜜多《みた》」を漢訳した「到彼岸」という語に由来します。現実の生死の世界から解脱し、生死を超えた理想の涅槃《ねはん》の世界へ至る、という意味です。彼岸に対して、現実の生死の世界は「此岸《しがん》」といいます。

都会では、お彼岸に一族が集まってご先祖様の供養を行うことも少なくなっていますが、春と秋、いずれのお彼岸も、気候がおだやかで過ごしやすい時期。ご先祖様を偲び、お墓参りなどに出かけてみてはいかがでしょうか。

仏壇のある家庭では、きれいに掃除をして花を飾り、よい香りのお線香を手向けましょう。

端午の節句（P32）

最近は飾りもコンパクトになってきましたが、小さいながらも上質で立派なものが少なくありません。子どもが成長すると大きな飾り物は出さなくなってしまいがちですが、何か小さな飾りでも玄関やリビングに飾って楽しむのもいいものです。

ちまきや柏餅も、端午の節句にはつきものです。

ちまきは、これも中国の故事が由来です。中国の高名な詩人の屈原を供養するために川に投げ込んだもの、と言われています。柏餅は、柏の葉が新しい葉が出るまで古い葉が落ちないため、「家系が途絶えない＝子孫繁栄」の縁起物とされました。

兜飾りにはこんなミニチュアも。精巧な作りに目を奪われます。

衣更え（P34）

少し前の時代までは、家庭ではそれまで着ていた服をたんすから出し、茶箱にしまっておいた服と入れ替えるという衣更えの風景も珍しくありませんでした。今はプラスチックの衣装ケースにとってかわられましたが、湿気を防ぐ効果もある茶箱は衣装箱として重宝されていたのです。防虫剤とともに茶箱に入れられた衣服は、次の季節まで押入れや納戸などにしまわれていました。

匂い袋や防虫香の歴史は古く、正倉院にも虫害から宝物を守る「裛衣香《えびこう》」（衣被香）が保管されています。江戸時代には着物の袖の形に作った袋を二つ、ひもで結び、袂《たもと》落としのようにして携帯しました。

現代では匂い袋は衣服に香りを移しながら防虫効果を求めたり、携帯して香りを楽しんだりするほか、室内につるす、玄関に置くなど芳香剤としても使われています。衣服の保管には大きな匂い袋を一つ入れるのではなく、小分けにしたほうが全体に香りがいきわたる効果が高くなります。ただし、衣服には直接触れないようにすることも大切です。直接、長時間触れていると変色をきたすことも。

盂蘭盆会（P40）

お盆の行事は、七月（地方により八月）十三日の夕方に家の門口で焚く迎え火に始まります。迎え火は先祖の霊が迷わずに帰ってこられるように、おがら（麻の茎や松の割り木など）を家の門口で焚くものです。お墓に霊を迎えに行く地方もあります。

家では精霊棚《しょうりょうだな》をしつらえ、盆提灯や行灯を飾ります。十四、十五日には家に迎えた霊にさまざまな供え物をし、僧侶を招きお経をあげてもらいます。お盆の期間中、寺院では「施餓鬼会《せがきえ》」が行われるのが一般的です。盆踊りも、名前のとおり、本来は霊を迎えて慰め、送るためのものです。

十五日の夜には送り火を焚き、霊を送ります。

お月見（P44）

十五夜には、月が見えるところに小机などを置き、お団子、里芋（衣かつぎ）、お神酒《みき》などを供え、すすきや秋の七草を飾って月を眺めます。十三夜には枝豆や栗を供えます。

美しい満月とうさぎの描かれた便箋や絵はがきも、この時期に使うと季節感が増します。

結納（P52）

関東では結納品をすべて一つの飾り台にのせ、関西では一つ一つを別の台にのせます。

縁起物は、関東では、「長熨斗」（干しあわびを長くのばしたもの。男性のたくましさを象徴）、「勝男節」（鰹節。不老長寿の象徴）、「友白髪」（白い麻糸。夫婦ともに白髪になるまで仲睦まじく）、「寿留《する》女《め》」（噛むほどに味のある仲のよい夫婦になるように）、「寿恵廣《すえひろ》」（白無地の扇子。純潔無垢と末広がりの繁栄）、「子生婦《こんぶ》」（昆布。よろこぶ、子宝に恵まれる）、「家内喜多留《やなぎだる》」（酒樽。実物ではなく現金を包む）に目録と金包の九品目をそろえるのが、正式とされています。

鰹節や昆布などの食べ物は、かつての「ユイ」の名残でしょう。

関西では、目録は数に入れず、「小袖料（結納金）」「熨斗（長熨斗）」「寿恵廣」「柳樽料」「松魚料《まつうおりょう》」「寿留女」「子生婦」の七品が基本で、それに翁（尉《じょう》）と嫗《おうな》（姥《うば》）の「高砂《たかさご》人形」、「結美和」（指輪）を加えて九品とすることも。

また、儀式の形にも違いがあり、関東では、女性側も結納品を用意して交換するので、「結納を交わす」といいますが、関西では男性側から贈るだけなので、「結納を納める」といいます。

婚家先みやげ（P54）

家族へのおみやげは一人に一つずつ。奉書紙をかけて金銀の水引を結び切りにし、のしをつけ、表書きは「寿」として、下に花嫁の名前を書きます。贈る相手、それぞれの名前を入れる場合は、左上に少し小さめの文字で「父上様」のように書きます。東京鳩居堂では、デパートなど他店で購入した衣類などの「おみやげ」を、奉書紙で包んで水引をかけるサービス（有料）もしています。

「お香（線香）」は、奉書紙をかけて金銀の水引を結び切りにします。表書きは地域によっての違いもありますが、関東では「御先祖様」として下に花嫁の名前を書きます。関西などでは「御仏前」として、右側に小さめに「御先祖様」と書き添えます。

当然ですが、普段づかいではない、上質のお線香が選ばれています。

結婚祝い（祝儀袋）（P56）

金銀の水引を使った祝儀袋にも、松竹梅の飾りつきの熨斗《のし》がついたもの、使用されている和紙も凝った折り方をしたものなど、さまざまな種類があります。一般的には包む金額が多いほど祝儀袋も豪華なものに、と言われていますが、中の金額にはそれほどこだわらずに、好みのものを選んでかまいません。披露宴の規模やスタイル、贈る相手と自分との関係などによって選びましょう。

ただし、カラフルな現代風のデザインの祝儀袋はカジュアルな印象が強いので、格式のある会場で行われる披露宴などには向きません。カジュアルなレストランウエディングや招待客が友人、知人のアットホームな披露宴のときなどに使いましょう。

祝儀袋の表書きは、「寿」か「御結婚御祝」。関西では「御結婚御祝」が主に使われます。下には自分の名前をフルネームで書くのがていねいです。中袋にお金を入れて、上包み（たとう）を包むときに気をつけたいのが裏の合わせ方。結婚に限らず慶事の場合は下側を上にかぶせ、上向きにします。葬儀など弔事の場合は上側を下にかぶせ下向きにします。

内祝い（P60）

病気見舞いのお返しとして贈る内祝いは、紅白結び切りの水引に、表書きは四文字を避けて「快気祝」として贈ります。快気祝いも、かつては、お世話になった人、お見舞いをいただいた人を招いて、祝いの席を設け、それをお礼としたものですが、今は物でお礼をするのが一般的になりました。

「お返し」としての内祝いは、いただいた金額の三分の一から半額程度のものを贈るのが一般的です。

折形（金封の中袋の書き方）（P62）

金封の中袋の書き方は、枠が印刷されているものであれば、それに従って書けばよいでしょう。基本的に結婚祝いのように、披露宴の受付で渡す場合は招待者の名簿があるので、中袋に住所を書く必要はありません。手渡しする場合も同じです。

枠がない場合、慶事は表側に金額を書き、必要であれば裏側に住所を書きます。弔事は裏側に、中央ののりしろをよけて、左側に金額と、こちらも必要な場合は住所を書きます。金額は「金、〇〇円也」と書きます。このとき漢字は「大字《だいじ》」と言われる

「壱、弐、参、伍、拾、仟（阡）、萬」や、「円」の旧字「圓」などを使いますが、今は普通の漢数字、漢字を使う人も多くなってきているようです。

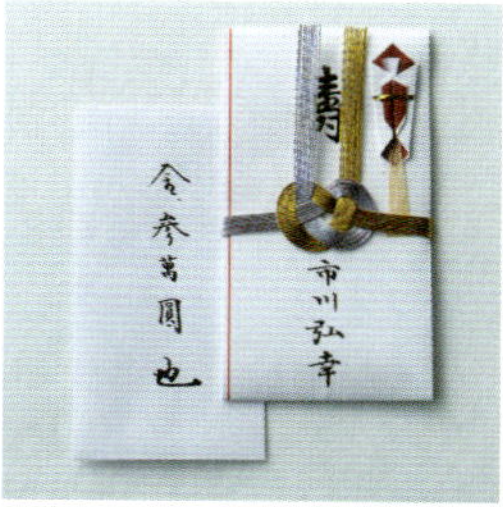

結婚祝いの上包みと中袋。中袋の表には金額を書きます。

御香典の上包みと中袋。中袋の裏側、左に金額を書きます。

墨と硯（P66）

墨をするときは、硯全体に円を描くように軽くすります。力を入れすぎずにゆっくりとすることが大事です。力を入れてすると墨の粒子が粗くなり、墨のよい色が出ないのです。墨の香りは心を落ち着けてゆったりとした気持ちにさせてくれます。香りを楽しみながら、静かにすりましょう。

使い終わったら墨のすり口の水分を、よく拭き取って収納します。濡れたままにしておくと、ひび割れや腐食の原因に。硯は墨液を柔らかい紙や布で拭き取り、水で洗って墨を残さないようにしましょう。

墨は湿気に弱いので、しばらく使わないときは和紙に包み、桐箱など湿気を防ぐ入れ物に納め、湿度が低く温度差の少ないところに保管しましょう。

大きさ、形など、種類も豊富、価格もさまざまな硯。吟味して選びたい。

和紙（P70）

和紙の材料には楮《こうぞ》、雁皮《がんび》、三椏《みつまた》などがあり、加工の仕方などによっても、さまざまな種類の和紙があります。和紙作りの産地は各地にありますが、「越前」（福井県）、「美濃」（岐阜県）、「土佐」（高知県）が三大産地とされています。

半紙を収納する半紙ばさみ。意外と知られていない存在です。

香を聞く（P74）

「香木」は単一の材料を炷いて、その香りを聞くもの。「煉香」「印香」は香木を中心として漢薬系の原料をブレンドして、その香りの変化を聞き、残り香を楽しむもの。「煉香」は蜜で練るため少し濃厚な香りを楽しめ、「印香」はふのりで練るので、軽めで広がりのよい柔らかい香りが楽しめます。

煉香、印香を合わせて「薫物《たきもの》」と呼びます。

香木（沈香《じんこう》、白檀《びゃくだん》）が香として用いられたのは、仏教伝来に始まると言われています。異国からもたらされた貴重な香木は、仏教の祈りに荘厳な神秘性を増すためのたいへんな宝物でした。沈香の中でも「伽羅《きゃら》」は最上級で、現在も格別に扱われます。

王朝時代に入り、さまざまな香と薬種の調合によって煉香が生まれました。

貴族の間では、家ごとに、その人ごとに秘伝の香りがありました。貴族の格式により、また入手できる香料そのものの良しあしにより、同じ調合でも香りは違ってきます。練り合わせる蜜の種類を変えたり、梅の花や梅肉を練り合わせる、熟成させる保管場所に工夫をこらすなどして、それぞれに創意工夫がなされました。

四季折々の香りを楽しむ「香合わせ」は、歌合わせや貝合わせなどとともに、平安朝の貴族社会を彩り、個人の教養・知性をも表す遊びでした。

慶事とお香（P76）

同じ「六種の薫物」の名前がついているお香でも、製造元の調合によって香りは異なります。いろいろ試して違いを「聞く」のも楽しみのひとつでしょう。

鳩居堂の「六種の薫物」は、明治十年に太政大臣・三条実美公から、宮中に献じるために同家に伝わっていた名香の秘方を伝授されたもの。平安朝から変わらない香りであり、鳩居堂のみに伝えられている調合です。

懐紙（P78）

バッグに一つ、ひそませておくと便利な懐紙。お茶席で使う懐紙は「小菊紙」という、かわいらしい別名も持っています。

懐紙一包みは商品によってさまざまですが、基本的には三十枚の和紙が二つ折りになって入っています。これが一帖。懐紙三十枚を一帖と数えます。和紙の一帖は紙の種類によって違い、半紙の一帖は二十枚、奉書紙は四十八枚。結婚祝いの当座のお返しに使う懐紙は、二帖が右が上になるように抱き合わせになっています。懐紙一枚の大きさは、約14・5cm×約17・5cm。真四角ではありません。茶席用の懐紙には男性用として少し大きめのものもあります。

結び切りの水引を結んだ懐紙は結婚祝いのお返し用。二帖を合わせて。

ふくさ（P94）

ふくさで気をつけたいのは、色と包み方です。祝儀の場合は赤や朱、えんじなどの暖色系も使いますが、不祝儀では紫やねずみ色など地味な色のものを使います。紫は慶弔どちらにも使えるので、初めて購入するなら紫が便利です。

結婚披露宴の受付でお祝いを差し出すときには、まず祝儀袋をふくさから取り出して、ふくさは手前に軽く畳んでおきます。祝儀袋は相手のほうから見て正面になるような向きで、必ず両手で渡しましょう。葬儀の際の受付でも同じようにふるまいます。

不祝儀（P96）

葬儀の宗教形式がわからないときは、白無地に黒白もしくは双銀の水引を結んだ金封に、表書きは「御霊前」とします。仏教、神道、キリスト教と、この表書きであれば共通して使えます。

密葬や身内での葬儀の後に行われる「お別れの会」や無宗教の葬儀の場合も同様に、黒白または双銀の水引を結んだ金封を使ってかまいません。表書きは「御霊前」のほか「御花料」などでも。

「御霊前」は各宗教の香典に共通して使える表書き。

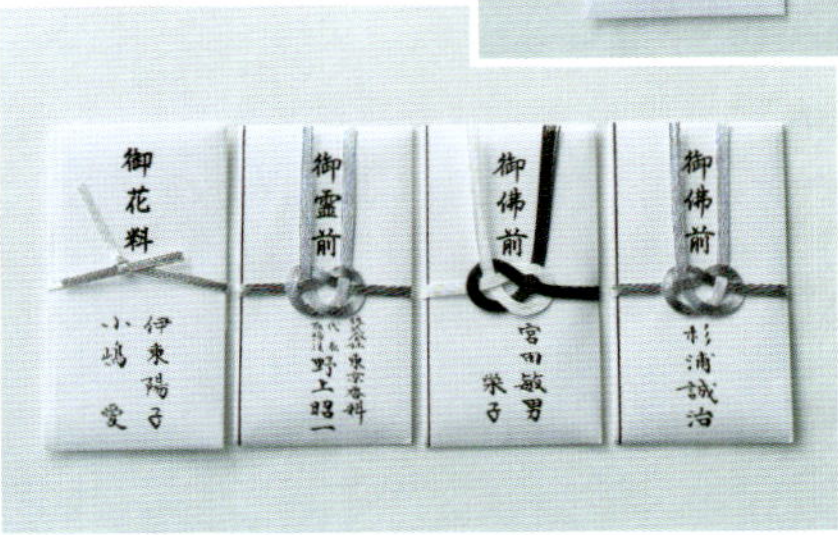

不祝儀袋、表書きは先方の宗教や用途に合わせて選びます。

香典（P102）

香典には、かつては古い紙幣を使うとされていました。新しい紙幣は不幸のために用意をしていたととられる、と避けられていたのです。今は新しいお札を使うことも多くなりました。気になる場合は折り目を一つつけて入れます。

四十九日までのお供えの表書きは「御霊前」に。

四十九日当日からは「御仏前」として贈る。

お線香（P104）

お線香はろうそくの火を移してつけます。仏事でのお線香を立てる本数は「仏法僧」の三宝に帰依し、感謝する意味から三本とも言われますが、宗派によって違い、一本の宗派もありますし、折って横に寝かせておく宗派も。お仏壇の香炉には、灰の中にお線香の燃え残りが残っていることもあります。定期的に香炉の掃除をして取り除くようにしましょう。

お墓参りなどで使われる束になったお線香は、香木以外にも、杉を材料としているものも多くなりました。屋外用なので煙の量も多く出ます。通夜にはお線香やろうそくの火を絶やしてはいけないと言われ、近親者が交代で寝ずの番をしてお供えをします。最近は十数時間、燃え続ける渦巻き線香やろうそくなどもあり、よく使われているようです。

香典返し（P108）

香典返しには、葬儀当日に一律にお返しをする「当日返し」もあります。忌明けを迎えるころに贈る場合は、黒白の結び切りの水引で、表書きは「志《こころざし》」とするのが一般的。関西では黄白の結び切りの水引に「満中陰志《まんちゅういんし》」とすることもあります。

香典返しを受け取ったときには、お礼状は出さないしきたりです。不幸に「ありがとうございます」とお礼を言うのは失礼とされているからです。届いたことを伝えたい場合は、近況を伺う手紙を出し、その中で品物が届いたことをさりげなく伝えるとよいでしょう。

帯祝い（犬張子）（P116）

ザルをかぶっている「ザル被り犬」は、寝ている子の真上につるすと、かんの虫封じになるとか、ザルで水をすくうと通ってしまうので、鼻づまりが治るとも言われています。また、「犬」が「竹」をかぶると「笑」という字になることから、「笑いが絶えない」という意も。でんでん太鼓は、子どもをあやすおもちゃであるとともに、裏表がないため「裏表のない人に育つように」という意味もあるそう。

初宮参り（P122）

今は、赤ちゃんや母親の体調、天候などを考慮に入れ、生後一カ月を目安に行うことが多いようです。

初宮参りのときの赤ちゃんの衣装は、正式には白羽二重の内着（産着）ですが、最近はベビードレスも多いようです。祝い着（一つ身）を着せる場合は、祖母などが赤ちゃんを抱き、赤ちゃんの背中を覆うようにして着せかけます。

祝い着は、男の子は熨斗目《のしめ》、女の子は花柄や吉祥文様が一般的です。お宮参りの祝い着は贅沢のようですが、七五三の三歳の祝い着（被布）に仕立て直して着ることができます。仕立て直して使える着物は、日本人の知恵といえるでしょう。お宮参りを済ませたあとは、赤飯やお餅などの内祝いの品を持って親戚や知人宅を訪ねて回る地域もあります。

七五三（P130）

神社で祈祷を受ける場合は、紅白蝶結びの金封に表書きは「初穂料」とし、子どもの名前を書いて納めます。親戚などからお祝いをいただいた場合、本来、お返しは不要です。千歳飴やお赤飯、鳥の子餅などを「内祝」として子どもの名前で配ります。近所なら挨拶に伺い晴れ着姿を見てもらいましょう。

十三参り（P134）

法輪寺では、参拝前に「美・知・優」など、自分の好きな漢字一文字を半紙に書いて祈祷をしていただく、ということも行われています。大阪の太平寺では、十三参りでは初めて自分が一生使う数珠を買う日ともされ、境内で「十三智菓《じゅうさんちか》」という菓子を買って帰り、食べる、というならわしもあるそう。東京では、浅草の浅草寺に参詣する人が多いようです。

数え年十三歳になったら、虚空蔵菩薩様に知恵を授けてもらうよう祈願。

厄年（厄除け）（P140）

厄除けに身に着けるものは、長いものやひも、うろこ模様や七色のものがよいと言われています。女性には帯や帯締め、伊達締めなど、男性にはベルト、ネクタイなど、男女ともに財布などが、厄年の人への贈り物に使われます。地方によっては「厄をつまんで捨てる」意味で火箸を贈ったり、厄年の本人がぜんざいをふるまうなどの風習があるところも。

また、「年重ね」といって、二月にもう一度、正月を祝って厄年を送り出す風習などもあります。

長寿の祝い（P150）

古希は中国の唐の時代の詩人、杜甫の「人生七十古来稀也」に由来。喜寿は、「喜」の字を草書体で書くと「㐂」となり、七十七と読めることから。傘寿は「傘」の俗字は「仐」と書き、八十と読めるから。米寿は「米」の字を離して書くと「八十八」となることから。卒寿は「卒」の略字は「卆」と書き、九十と読めるから。白寿は「百」から「一」をとると白になることから。語呂合わせの好きな日本人らしいネーミングです。

書道や水墨画などをたしなむ人ならこんな水滴も喜ばれそうです。

水引を結ぶ（P154）

「結び切り」をアレンジした結び方に、「あわじ結び（あわび結び）」があります。弔事にも慶事にも使われる結び方です。結び切りのアレンジなので、慶事は「結婚関係」のみ、と思われがちですが、関西など、紅白のあわじ結びを蝶結びの水引と同じように、一般的なお祝いごとに使う地域もあります。

贈り物を包む（P156）

大切な贈り物、あらたまった贈り物に、かけ紙や水引は欠かせません。たとえば、結婚のお祝い品や結婚指輪を贈るときなど、購入したお店では印刷したかけ紙しか用意していないことがあります。そのような場合、東京鳩居堂では品物に奉書紙をかけ、水引を結ぶサービス（有料）も行っています。鳩居堂では水引を結ぶことを大切にしています。

ある歌舞伎役者の方の襲名披露興行の際には、舞台での口上に並んで挨拶をしてもらう役者の方々へお礼として渡すため、桐箱入りの羽二重の反物を奉書紙で包み、紅白蝶結びの水引をかけてほしい、といった依頼もありました。

ポチ袋（P164）

心づけを渡すときにもポチ袋は最適です。今は、旅館などもサービス料が含まれているので心づけは必要ない、などとも言われますが、部屋についてお世話をしてもらう場合には、心づけで感謝の気持ちを伝えたくなります。あらかじめ、ポチ袋に適当な金額を入れたものをいくつか用意していくと、スマートに渡すことができるでしょう。できれば、紙幣もきれいなものを用意しておきましょう。

松の葉模様は「松の葉＝松の葉で包むほどほんのわずか」という意味。

手紙、はがき（P170）

文章を書くのが苦手だからとか、上手な字が書けないから手紙は書けないと思っている人も多いようです。とはいえ、プライベートでもビジネスでも、礼状や詫び状、依頼状など、手紙を書く必要のあるときが必ずあります。社会人の基本マナーとして手紙の基本的な形式を身につけておくと、いざというときに困りません。

手紙を書くときは、まず、下書きをしましょう。文字の配分や文章の量などがわかります。パソコンなどで下書きをするのもおすすめです。推敲や文字数、行数の調整がしやすいパソコンで下書きを作り、便箋にていねいに書き写します。

手書きでもパソコンでも、下書きを保存しておけば出した手紙の記録にもなります。

使いやすい罫線の入ったはがき。
和紙の手触りがあたたかく感じます。

親しい人への手紙は、「前略」で始めても。軽く書ける万年毛筆で。

便箋と封筒（P172）

縦型の封筒（和封筒）の表書きは、宛名が中央にくるように、住所より大きめの字で書きます。差出人の住所は裏側に、送り先よりも小さめの字で書きます。書く位置は封筒の中央の継ぎ目の右側に住所を、左側に名前を書くのが基本ですが、継ぎ目の左側に住所と名前を書くことが多くなっています。

封緘をするときは、封じ目に「封」「緘」「〆」と書きます。

和紙を使った便箋・封筒はインクがにじむイメージがありますが、鳩居堂のペン・毛筆用の便箋には、にじみ止めの加工がされているので心配いりません。

礼状の作法（P174）

お礼状は、頭語から始まる、きちんとした形式で書きましょう。相手の名前が文章の下の方にこないように、逆に、自分自身や身内を表す言葉は下の方にくるように気をつけます。改行は区切りのいいところでします。いただきもののお礼であれば、そのものを具体的に文中に書き入れると気持ちがこもります。そして、何より、ていねいに書くことが大切です。

拝啓

日ごとに春めいてまいりました。

慶子伯母様には、お健やかにお過ごしのことと拝察いたします。

さて、先日は母の入院に際しまして、お見舞いの品をいただき、本当にありがとうございました。

やさしいピンクのカーディガンは、母の好みの色でもあり、母もたいへん喜んで、すぐに袖を通しておりました。

ご心配をおかけしましたが、順調に回復しております。母もくれぐれもよろしくと申しております。退院までは、まだ少しかかりそうですが、暖かくなるころには自宅に戻れるのではと思います。

伯母様も時節柄、御身おいといください。

敬具

二〇一三年三月五日

田中玲奈

田中慶子様

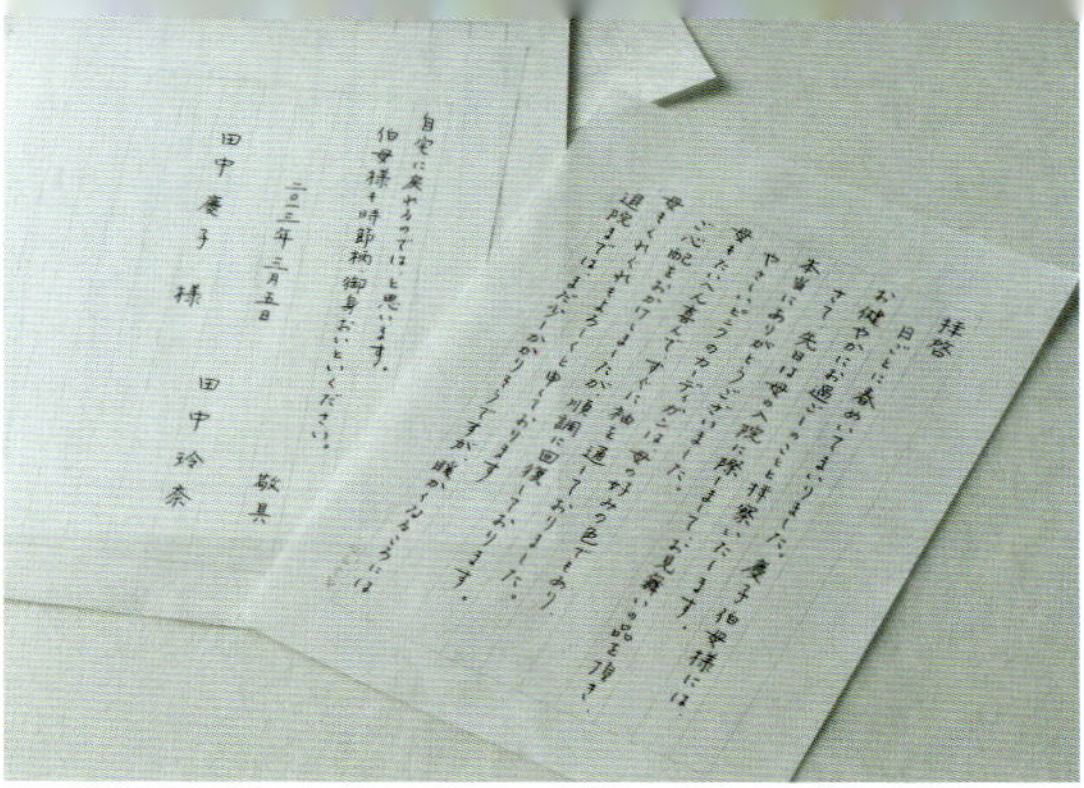

ていねいに書かれた
手紙は、それだけで
気持ちが伝わります。

拝啓

日ごとに春めいてまいりました。

博子伯母様にはお元気でお過ごしのこと、何よりと存じます。

さて、このたびの私の就職に際しましては、励ましのお言葉とお祝いの品を頂戴いたしまして、誠にありがとうございました。

いただいたバッグは、入社式にと新調したスーツにぴったりの色でした。デザインもとても素敵で、お心遣い、とてもうれしく、心よりお礼申し上げます。さっそく通勤に使わせていただこうと思います。

入社式まで、いよいよ一週間となりました。社会人としての自覚を持って、新しい生活に臨みたいと思います。

まずはお礼申し上げます。伯父様にもよろしくお伝えください。

時節柄、お身体を大切にお過ごしください。

敬具

平成二五年三月二三日

山下詩織

山下博子様

手紙を楽しむ （P176）

五～六行ほどの文章が書ける一筆箋。季節ごとに新しいデザインのものがお店に並びます。一筆箋が生まれてから、まだ三十～四十年ほど。手紙の歴史の中では比較的、新しいものです。

手紙より手軽であり、封筒に入れて送るのであればはがきよりていねい。一筆箋は手紙とはがきの間の存在といえるでしょう。

一筆箋には手紙のような形式は必要なく、用件を直接書いてかまいません。枚数も、一枚程度におさまるように書きます。親しい人へは、「ありがとう」「おめでとう」など、かしこまらずに気持ちを伝えるメッセージカードとしても活用できます。また、仕事などで書類を送るときには、メモ用紙を添えるより一筆箋を使ったほうがていねいな印象です。

さまざまに使える白無地の一筆箋、季節に合った絵柄のもの、上質の和紙製など、いくつか手元にそろえておくと重宝します。

一筆箋なら手紙も気軽に書けます。
メッセージカードとしても。

封緘用のシールも楽しみのひとつ。
親しい友人への手紙に。

年賀欠礼状 （P184）

年賀欠礼状で相手の不幸を知って、お香典やお線香などのお供えを贈るとき、先方からの返礼が気になることがあります。すでに四十九日も済ませ、香典返しなども済ませているであろう相手に、気を遣わせたくない場合は、「気持ちばかりですので、お気遣いは無用にてお願いいたします」「心ばかりをお送りします。返礼無用にてお願い申し上げます」など、お悔やみの手紙に一言書き添えるのも、ひとつの方法でしょう。葬儀のときのお香典にも「返礼無用にてお願いします」といったメモをつけて、渡す人もいます。身内に不幸があった場合、自分は年賀欠礼状を出すべきなのか（喪中にするのか）迷うことも多いようです。決まりはありませんが、配偶者、一親等（親、子など）の親族と、同居している二親等（兄弟姉妹、祖父母、孫）が目安と言われています。同居していなくても、仲の良い兄弟姉妹が亡くなった場合は、出すことも多いようです。

巻紙に筆ペンを使って。巻紙は好きな長さで終えられるので便利。

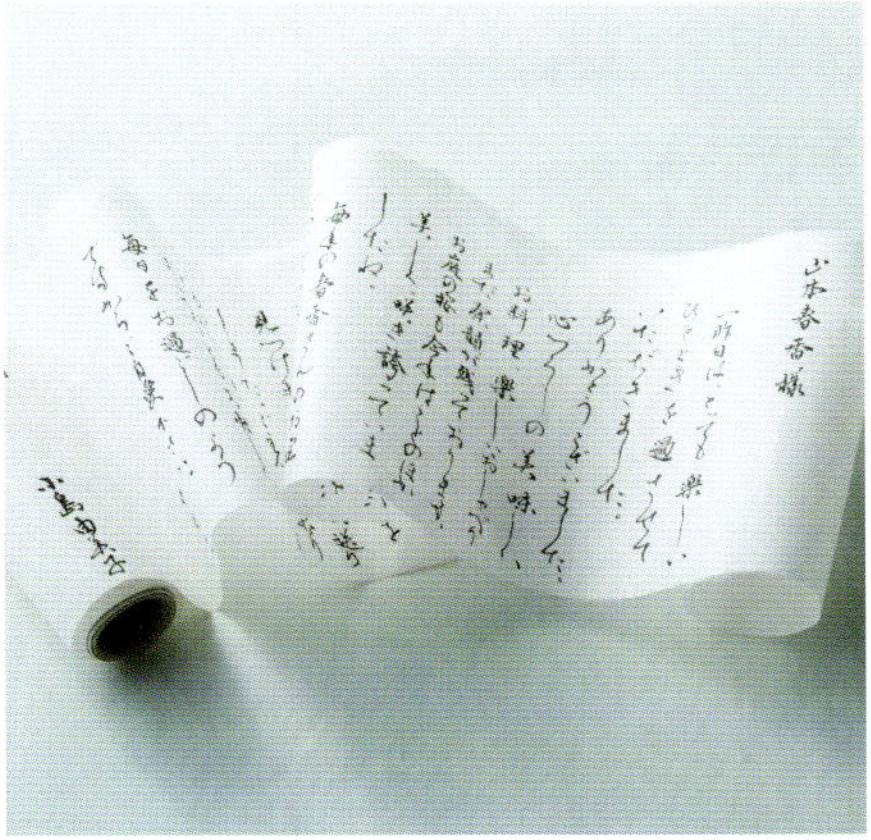

切手選びも手紙の楽しみ。美しいデザインの切手は手紙を引き立てます。

監修・鳩居堂

鳩居堂 きゅうきょどう
1663年(寛文3年)、京都寺町の本能寺門前に薬種商として創業。現在はお香、書画用品、はがき、便箋、金封、和紙製品の専門店として、京都鳩居堂、東京鳩居堂、支店に東急百貨店東横店の渋谷店、京王百貨店の新宿店、横浜駅地下街ポルタの横浜店、東武百貨店の池袋店、東京スカイツリータウン・ソラマチ店の店舗がある。(鳩居堂ホームページ www.kyukyodo.co.jp)

編集協力・株式会社 東京鳩居堂(☎03-3571-4429)
株式会社 京都鳩居堂(☎075-231-0510)

撮影協力・株式会社 土屋鞄製造所(☎03-5647-5123)

参考文献
『伊勢丹の儀式110番』(誠文堂新光社)
『「贈る」と「お返し」のマナー』(主婦の友社)
『家族で楽しむ 歳時記・にほんの行事』(池田書店)
『冠婚葬祭実用大事典』(主婦の友社)
『着物の織りと染めがわかる事典』(日本実業出版社)
『現代こよみ読み解き事典』(柏書房)
『すぐに役立つマナー事典』(ナツメ社)
『葬儀・法要・相続 マナーと手続きのすべて』(主婦の友社)
『日本を知る小事典』(社会思想社)
『にほんのにほん 暮らしの歳時記』(千趣会)
『にほんのにほん 和紙』(千趣会)
『仏事・供養110番』(サンマーク出版)

参考ホームページ
人形の久月 www.kyugetsu.com/
日本鏡餅組合 www.kagamimochi.jp/

＊ご紹介している「豆知識」は、地域によっても、
家々や個人の考えによっても違いがあります。

鳩居堂の日本のしきたり 豆知識

2013年 4 月 4 日 第 1 刷発行
2014年 3 月27日 第20刷発行

監修・鳩居堂

発行者 石﨑 孟
発行所 株式会社マガジンハウス
〒104-8003 東京都中央区銀座3-13-10
受注センター ☎049-275-1811
書籍編集部 ☎03-3545-7030

企画・構成 田﨑佳子
撮影 山口徹花
ブックデザイン 馬場せい子

印刷・製本 図書印刷株式会社

ISBN978-4-8387-2532-8 C0095

マガジンハウスホームページ http://magazineworld.jp/